できる課長は「これ」をやらない！

安藤広大
株式会社識学 代表取締役社長

すばる舎

まえがき

私は、これまで「識学」と称する意識構造学を通して、多くの会社の組織問題を解決してきました。私が代表を務める株式会社識学で識学をお伝えした会社は、この約2年半で400社（2017年10月現在）を超えています。

私たちが識学をお伝えする会社は、どの会社も組織運営に何かしらの課題や問題を抱えている会社ばかりです。その問題の本質は、組織内に発生している「誤解」や「錯覚」にあります。

識学は、組織内の誤解や錯覚がどのように発生するのか、どのように解決できるのかの答えをもっている学問です。組織に発生している誤解や錯覚をひも解いていくことで、あらゆる規模・業種の会社が円滑に回るようになり、働く人たちが成長できる環境をつくれるようになります。

組織に発生する誤解や錯覚の発生要因のほとんどは、リーダーの言動にあります。よかれと思って行っているリーダーの言動によって、組織に誤解や錯覚が発生してしまうのです。

裏を返せば、リーダーの言動を修正することができれば、組織から誤解や錯覚を取り除くことができます。実際、私たちが識学をお伝えしているのも、経営トップである社長と、組織のリーダーにあたる管理職の方々がほとんどです。

前作『伸びる会社は「これ」をやらない！』では、そうしたよかれと思って行っている〝間違ったリーダーの言動〟を、主に社長をターゲットにして紹介しました。お陰さまで、各方面からご好評をいただくことができました。と、同時に、「社長以外の管理職をターゲットにした本もほしい」という声も多くいただきました。

今回は、社長以外のいわゆる中間管理職の方々をターゲットにまとめています。中間管理職を、わかりやすい表現として「課長」としています。

では「課長」と「社長」の違いは何で、同じところは何でしょうか。

同じところは、「部下をもつ立場」だということです。ですから、部下に対する接し方という点では、前作と一部重複するような内容も出てきます。

一方、違うところは、課長は「会社のトップではないこと」「上司がいること」です。あたり前の話ですが、これは大きな違いです。

ところが、多くの課長の皆さんは、張り切れば張り切るほど、このことを忘れがちです。そして、その言動が組織に大きなマイナス、多くの誤解や錯覚を生み出します。


この本は、組織に誤解や錯覚を発生させず、自分も成長しながら組織を成長させる「課長」のことを、「できる課長」と称して、そのようになるためにはどうしたらよいかを解説をしています。

まず、「会社のトップではない」立場なので、課長である前に一社員です。ということは、「できる課長」である前に、「できる社員」でなければなりません。そこで、第1章では、「できる社員」になるためにどうすべきかを解説しています。そして、第2章、第3章は部下との接し方について、「課長」に起きやすい「間違い」を中心に解説しています。さらに、第4章以降では、さらに上の上司がいるリーダーが、組織のなかでどのような存在になり、どのような言動を取らないといけないかを解説しています。

この本を手に取った多くの課長の方々が、自分が属する会社と自分の部下にとって、どのような言動が実はマイナスになり、どのような言動がプラスになるのかを正しく理解していただければと思います。


そして、この本をお読みになる人にあらかじめお伝えしたいことが一つあります。本書に書かれていることを実行したときに、部下からは嫌われる可能性があるということです。それは、お読みになっていただいたらわかると思います。


しかし、嫌われるからといって、絶対に躊躇しないでください。

部下は、上司が厳しくなったり冷たくなったりしたと感じるとき、自分にとっての利益が減ったと感じています。しかし、「できる課長」が部下にもたらさなければいけないのは、部下が感じる今の利益ではなく、未来の部下にとっての利益です。そして、未来の部下にとっての利益とは、ほかでもない「成長」です。

本書を読んでいただき、一人でも多くの課長の方々に、部下の未来の成長、利益にコミットしていただけることを切に願っております。

２０１７年12月

安藤広大

できる課長は「これ」をやらない！　もくじ

Chapter 2 できる課長の部下との接し方

Chapter 3

できる課長の部下育成

Chapter 4

できる課長の上司との接し方

Chapter 5 できる課長の出世方法

Chapter 6

できる課長の心構え

Chapter 1

できる課長は
できる社員でなければならない

01

できる社員は自己評価をしない

よくある誤解

「人の評価ばかり気にしては気が滅入ってしまうので、自己評価を大切にしています」

「自己評価を高くもつ。これが自信につながっています」

評価とは「物の善悪・美醜などを考え、価値を定めること」（大辞林）です。しかし、評価には自己評価と他者評価があり、自己評価が高いことには価値はありません。正確に言うと、自己評価によって定められた価値に対して、何かしらの対価を得ることはできません。

他者評価だけが、その評価によって対価を得られる

自らが獲得できる対価の量は、他者評価によってのみ決定します。ここで言う対価とは、お金だけではありません。会社で自分がやりたい仕事を任せてもらえるようになることと、プライベートでは思いを寄せる人から好かれることなども対価です。

いくら自分のやりたい仕事に自分がいちばん適していると思ったとしても、これまでの自分の実績はこの仕事を任せられるに値すると思ったとしても、他者がそれを評価しなければ、残念ながらその希望が叶うことはありません。

また、自分が思いを寄せる人に対して、「こうすれば喜んでくれるだろう」「こうすれば自分のことを好きになってくれるに違いない」ということをしたとしても、相手がそれを評価してくれなければ、残念ながら相手も思いを寄せてくれることはないのです。

評価はあくまでも「自分ではない他の人がするもの」です。このあたり前の事実を認

識できない人は「できる社員」になれません。

なぜ、30年間、会社に貢献しているつもりなのに昇進できなかったのか

私がトレーニングした受講者に、ずっと昇進できず、会社からの評価が低い方がいました。その方は自分なりに会社に貢献していると思っていましたし、自分なりに30年近い社会人生活で成長してきていると認識していました。

しかし、事実としては、30年近く昇進できずに評価が低い状態でした。他者評価において、昇進という対価は得られていない状態だったのです。自己評価と他者評価に大きなギャップがあり、周りからは、できる社員とは思われていないというのが現実でした。

高い自己評価から、

「自分が評価を獲得できないのは、会社が悪い、上司が間違っている」

と発言し続けるその方に、私は次のように伝えました。

「評価は他者がするものですよ」

このあたり前の事実を伝えたときに、この受講者は固まってしまいました。そして、この瞬間から受講姿勢が急激に変わったのです。

どうすれば評価すなわち他者評価を得ることができるのか、ということを知りたいとい

う姿勢に変わりました。

自らの社会人としての人生を自分なりに一生懸命やってきたはずなのに、なぜかうまくいっていない。この方は、その原因がずっとわからないまま、上がることのない評価に対して悶々としていたのでしょう。その原因は、非常にシンプルなたった一つのことだったのです。

評価は自分がするのではなく、他者がするもの。

このあたり前の事実を30年近く忘れていた。ただ、それだけだったのです。

自己評価は自分自身を苦しめる⁉

自己評価は自分を苦しめることになります。なぜなら、繰り返しになりますが、対価は他者評価によってしか決まらないからです。どれだけ高い自己評価をしていたとしても、それによって対価が増えることは絶対にありません。

しかし、高い自己評価に対して、対価を得ることができるはずだという錯覚を起こすことによって、そのギャップに苦しむことになります。対価は他者評価によってしか決定しない、自己評価は対価を獲得するうえではまったく価値がない。そのことを認識していれば、他者評価をいかに獲得するかに集中すればよいので、ギャップに苦しむことはなくなります。

自分が評価する立場で振り返ってみよう

対価を獲得するうえで「自己評価」にまったく価値がないことは、自らが評価する側に身を置いたときをイメージすると明らかです。

例えば、ある飲食店で、店主から「過去最高の料理ができました」と、高い自己評価の料理を出されたとします。その料理を食べて料理を評価するときに、店主の自己評価を考慮に入れるでしょうか。店主に評価を伝えるときに、何らかの配慮はするかもしれませんが、その料理がまずければ「まずい」、おいしければ「おいしい」という評価をするでしょう。

このように、自らが評価する側に回ったときは、相手自身の自己評価はいっさい考慮には入りません。

しかし、自らが評価される側に回ったときは、自分の自己評価を考慮してほしいと思うのが人間なのです。

自分に何が足りないかを知ることは重要です。そのために、自己分析はしなければいけません。しかし、自分で自分の対価を決める自己評価はできないのです。

できる社員も、評価するのは他者です。自分ができる社員だとどれだけ思っていたとしても、周りができる社員だと思っていなければ、当然、できる社員ではありません。できる社員になるための第一歩は、できる社員かどうかを決定するのは自分ではなく、他者であると正しく認識することなのです。

そしてそれは、できる課長になるための第一歩でもあるのです。

この対応は正しい！

私は、自己評価はしないようにしています。それによって、自分が得たいものを得ることができないことを理解したからです。しっかりと他者からの評価を獲得できるような人間になりたいと思います。

02

できる社員は、誰から評価を得なければいけないかを間違えない

よくある誤解

「私はお客さま第一なので、お客さまからの評価をいただいていれば上司からの評価は気にしません」

「上司からの評価はあまり高くないんですけどね。頼ってくれる後輩がたくさんいるので、私はそれでよいと思っています」

できる社員とはどのような社員なのでしょうか。

仕事が速い、センスがある、営業力がある、周りから人気がある、調整能力が高い、発想力が豊か――。人によって、できる社員に対してもつイメージはバラバラです。

会社が目指す目標を達成するにあたって必要な戦力になること

まず、できる社員の定義を合わせたいと思います。社員が「できる」とはどのような状態になることでしょうか。それは会社の一員、社員である以上、会社が目指す目標を達成するにあたり、必要な戦力であるということにほかなりません。どれだけ周りから人気があっても、調整能力が高くても、それが会社の目指す目標を達成するにあたって必要なければ、その会社においてはできることにはなりません。

できる社員になるということは、会社が目指す目標を達成するにあたり、必要な戦力になるということなのです。

もちろん、今いる会社では必要とされていなくても、他の会社に行けば必要とされることも多くあります。つまり、今の会社ではできる社員ではなくても、他の会社に行けばできる社員であることはあるでしょう。

しかし、その会社に身を置いている以上、できる社員の定義は、「会社が目指す目標を達成するにあたり、必要な戦力になる」こと以外にはありません。

できると判断する人は、その課長の上司しかいない

会社が目指す目標を達成するにあたり必要な戦力になっているかどうかは、誰が判断するのでしょうか。前項で解説をしたとおり、それは自分でない他者です。目指す目標を決定する会社であり、そのなかでもあなたの上司なのです。

では、会社が目指す目標を達成するにあたり、必要な戦力になっているかどうかを判断するのが、なぜ上司なのでしょうか。答えは、非常にシンプルです。

会社が目指す目標を達成するにあたり、まず評価を獲得しなければいけない相手は「市場」です。つまり、社長は市場から評価を獲得しなければいけません。そして、次の役職者の人、例えば部長は社長から評価を獲得しなければいけません。さらに、課長は部長から評価を獲得しなければならないのです。

それぞれが、一つ上の人からの評価を獲得するうえで、「必要な戦力になっているか」という軸で評価されていけば、会社が目指す目標を達成するための評価が、それぞれの場所でされていることになります。

つまり、評価制度が正しく機能している会社において、できる社員になるには、一つ上

の上司からの評価を獲得すればよいことになります。

誰から評価を獲得するかを選択してはいけない

ここでよく起きる間違い、失敗のもとを解説しましょう。それは、「できる社員になるにあたり、誰から評価を獲得するかを選択してもよい」という勘違いです。

会社組織において、「できる」の定義は会社しか決定できず、理想はそれを表現するのは直属の上司一人です（そうなっていない会社もありますが、直属を含む上司が決定しているという原則は変わりません）。できる社員になるには、上司以外の人から評価を獲得してもまったく意味がありません。

お客さまから評価される場合は？

評価を獲得する相手が「お客さま」の場合はどうでしょうか。多くの場合、お客さまから評価を獲得することは会社が求めることであり、上司が求めることでもあります。

しかし、すべての場合にそうであるとはかぎりません。例えば、お客さまからの評価を獲得するため、会社が設定している以上のサービスを提供したり、値引きをしたりする場合はどうでしょうか。

お客さまからは高い評価を獲得することができますが、会社が目指す目標を達成するにあたり、必要な戦力になっているかどうかという点においては、疑問が残ります。やはり、お客さまから評価を得ていたとしても、上司からの評価を得ていることが前提でないと、できる社員とは言えません。

後輩や部下に評価される場合は？

次に、「後輩や部下」はどうでしょうか。できる社員は、総じて後輩や部下からも評価が高そうです。しかし、これも残念ながら間違いです。なぜなら、上司が評価する事柄と、後輩や部下が評価する事柄が、一致し続けることはないからです。

例えば、上司から高い実績を求められているときには、部下には厳しく接することが求められます。

しかし、部下から評価を得ようと思ったときには、あまり厳しくもできません。これでは、会社が目指す目標を達成するにあたり、課長であるあなたが部下の上司として、必要な戦力になっているとは言えません。

できる社員は後輩や部下からの評価を気にしてはいけません。気にせずに、会社や上司からの評価を獲得することに集中しましょう。そして、上司からチームとして高い評価を得ることができたときに、後輩や部下も、あなたについてきてよかったと思うようになり、あなたへの評価が必然的に高まるという順番であるべきです。

他からの評価は、それ単体では「できる社員」になるための材料にはならないのです。

この対応は正しい！

まず上司から何を求められているかを、しっかりと確認することを心がけています。上司から評価を獲得することが、私が会社に貢献する唯一の方法ですから。

03

できる社員は無駄に止まらない

よくある誤解

「まずは、自分が納得できるまで立ち止まって考えるようにしています」

「他にどんなやり方があるか何種類も考えて、最適な方法を選択することに、とくに時間を使うようにしています」

できる社員は無駄に止まることはしません。なぜなら、自分のイメージや自分が到達すべきゴールに近づくには、実行して、その結果を見て、差異を修正していくという方法しかないからです。そのためには、無駄に止まる時間を減らし、差異を修正する回数を増やすことが重要です。差異を修正する回数の差が、成果の差に直結するのです。

第一に、ゴールを明確に設定すること

無駄に止まる時間を減らし、差異の修正回数を増やすには、まず「ゴールを明確に設定すること」が大切です。ゴールを明確に設定せずに動くと、動いている途中にゴールを確認するために止まったり、ゴールの再設定が必要になってしまったりするからです。

また、ゴールが明確に設定されていない状態では、差異が明確になりません。なぜなら、差異はイメージするゴールに対する差異であり、イメージするゴールが曖昧なのであれば、当然、認識できる差異も曖昧とならざるを得ないからです。

ゴールを明確に設定してから動く。なぜ、これができない人がいるのでしょうか。そこには大別して、二つの理由があります。

①重要性を理解していない

一つ目の理由は単純に、ゴールを明確に設定してから動くことの重要性を理解していないからです。

例えば、ゴルフのスウィングはわかりやすい例です。上手になろうと思えば、当然「目指すべきスウィング」を明確にし、実行し、その差異を認識することが第一歩です。一方、いっこうにうまくならない人は、「目指すべきスウィング」が曖昧な状態で練習を続けます。当然、差異が明確にならないので、その差異が修正できずに上手になりません。

しかし、このゴルフが上手にならない人は、決して上手になりたくないわけではありません。ただ、ゴールを明確に設定してから動くことの重要性を理解していないだけです。

これは、どんなことでも同じです。例えば、料理で考えてみましょう。おいしい料理をつくることができる人は、「どんな味にしよう」という「ゴール」を明確に設定し、イメージしてから、その差異を埋める作業をしているはずです。私が料理をするときは、「ゴール」はなく行きあたりばったりですから、当然、おいしくなりませんし、上手にもなりません。

営業も同じです。営業が上手な人は、一つの商談をどのようなゴールにもっていくかを無意識のうちに明確にイメージしています。そして、うまくいかなかったときに、その差異を認識し、次の商談につなげます。下手な人はゴールのイメージをもたずに商談に臨むため、うまくいかなかったときに差異を認識できず、同じような失敗を繰り返すのです。

②明確にする方法がわからない

二つ目の理由は、ゴールを明確にする方法がわからないということです。その理由はさらに二つに大別できます。

一つ目は、「明確にしてくれる人がいること」を認識していないということです。

ゴルフの例はそのわかりやすいたとえです。正しいスウィングをするにはさまざまな方法があるはず。ところが、基本的に正しいスウィングというものには正解があります。ですから、正しいスウィングを知っている「明確にしてくれる人がいること」を認識し、その人に明確にしてもらえばよいのです。

仕事も同じ部類に入ります。基本的には上司の求めることを実行するのですから、上司が「明確にしてくれる人」であるはずです。営業のシーンでも、どういうことを聞き、どういうことを伝えるかなどのゴールを上司に聞けば明確にしてくれるはずです。そこで、自分なりにゴールを設定しようとしたり、他の人からのアドバイスを得て決めようとすると、ゴールが曖昧になったり間違えたりするのです。

そして、もう一つの理由は、単純に「ゴールを設定するための経験量が足りないということです。料理などはそれにあたるでしょう。また、単純な営業ではなく、数種類のゴールが想定されるような商談もこれに該当します。

このような場合は、経験量を積み上げていくしかありません。

動く前に考えすぎてはいけない

無駄に止まる時間を減らし、差異を修正する回数を増やすうえで、次に重要になってくるのが、「動く前に考えすぎない」ということです。

では、動く前に考えすぎてしまう人は、なぜそうなってしまうのでしょうか。

まず単純に、物事が成功するための仕組みを理解していないということが考えられます。成功するには、実行して差異を認識し、それを修正するための設定をして、実行して差異を認識し、それを修正するための設定をする——、その繰り返しです。単純に、これだけです。

ということは、実行しないことには成功に近づけず、実行しないことには差異の認識ができないのです。

差異があるということは、その段階での実行自体は失敗ということになります。失敗が怖いと動きが止まってしまいます。しかし、失敗を恐れて止まっている時間が長くなればなるほど差異の発見が遅れます。そして、そのほうが成功から遠ざかっているということに気がついていないのです。

明確にゴールを設定できたら、まず実行です。失敗したら、すぐに修正すればよいのです。じっくり考えたほうが正解に近づくなどということは、ほとんどの場合であてはまりません。早く失敗できたほうが早く正解に近づけると考えるべきです。

できる社員は無駄に止まる時間を減らし、差異を埋める回数を増やします。そのためには、常にゴールを明確に設定し、無駄に失敗を恐れて動く前に考えすぎることなく、即座に実行に移すのです。

この対応は正しい！

これまでは何をするにしても考えてすぎていました。失敗すると致命的になること以外は、とにかく早く実行することを心がけます。失敗しても修正すればいいのですから。

04

できる社員は、あとから「言い訳」をしない

よくある誤解

「上司の言うことは絶対です。何があっても意見を言わずに粛々と実行することが大切です」

「これは無理だなと思うような目標でも、気持ちだけは切らさずに最後まで気合いで追い続けます」

できる社員は、自らに課されたミッションを達成することに対する責任をしっかりと認識しています。そして、ミッションを達成することでしか、自らが会社の目標達成に貢献できないこと、また、自らの評価を高めることができないことを理解しています。

だからこそ、できる社員は「言い訳」をします。もちろん、ここで言う言い訳はただの言い訳ではありません。自らの責任を果たすうえで障害となっている「事実情報」をしっかりと上げるということです。

そして、この言い訳は課されたミッションに取り組む前に行い、決して結果が未達成であることが確定してから行われるものではありません。

言い訳をしないことが言い訳になる？

なぜ、事前に言い訳をすることが大切なのでしょうか。それは、その時点で言い訳をしないことが本当の言い訳になるからです。例えば、

「上司の言うことは絶対です。何があっても意見せずに粛々と実行することが大切です」

と言っている社員は、上司の指示に対して何の言い訳もしない社員のようにも見えます。しかし、一方で課されたミッションを達成することの責任を認識するよりは、「粛々と実行している姿を上司に見せること」を自分の責任と認識している可能性があります。

課されたミッションを達成することに対して、本当に責任を認識しているのであれば、「何があっても意見を言わず」にいることはできないはずです。ミッションを達成するうえで上司の気がついていない何かがあった場合には、それを報告して解決しなければミッションを達成できないからです。

何かミッションを与えられたときは、どのように達成するのかをイメージしなければいけません。しっかりとイメージをすることができれば、上司が気づいていない事柄で、達成に際して何が不足しているのか、何が問題なのかを発見することができます。

そこで不足や問題を発見したことを報告して、改善を求めることは、決して、ただの言い訳ではありません。自らの責任を果たすうえでの権限をしっかり行使しているのです。

ここで、発見した不足や問題を報告しないことは、与えられた権限を行使せずに「○○が足りないから達成できなかった」「○○という問題があるから達成できなかった」というただの言い訳を、自分のなかで成立させようとする行為なのです。

解釈や感情が入っていない事実情報が正確な言い訳となる

ただし、上司に不足や問題を報告する際の注意点があります。それは、報告する内容は事実情報でなければいけないということです。自らの解釈や感情が入ったものではいけません。

「この目標は厳しそうです」

「急に高い目標を設定されても困ります」

これでは、不足や問題を適切に報告したことにはなりません。

「現状○○という業務に日中の時間を使っており、目標達成に向けて10件の訪問数を確保するのがむずかしい状況です」

「5名の増員計画になっていますが、私には採用の権限が与えられていません」

これらは「時間が不足している」「権限が足りない」という事実情報の報告です。そのうえで上司から、

「○○という業務は他の人間に振るので、10件の訪問数を確保し、目標達成しなさい」

「増員は人事部に責任をもって完了させるから、5名増えることを前提に目標達成に向けての準備をしなさい」

という不足や問題を解決する指示を受け、ミッション達成に向けてスタートを切ることができれば、事後の言い訳のない状態をつくることができます。

また、どのように達成するのかをイメージをする前にスタートを切る人もたくさんいます。どのように達成するのかをイメージせずにスタートを切ると、不足や問題を認識する

ことはできません。当然、事実情報の報告としての言い訳も出てきません。これは、与えられたミッションを達成することに対する意欲や責任感が希薄な状態で、未達成でもそのときに言い訳できると認識してしまっている状況です。

できる社員は、与えられたミッションを達成する、という責任を果たすための権限行使である「事前の言い訳」は積極的に行います。ミッションのスタートを切る前の言い訳をしないことは、未達成のときに「ただの言い訳」をしてしまうことにつながると理解しているからです。

この対応は正しい！

上司から指示を受けたら、まずゴールまでの道のりをイメージするようにしています。そして、もし、問題を発見したら、取り組む前に即座に上司に報告することを心がけています。

Chapter 2

できる課長の部下との接し方

01

できる課長は、部下と友だちのように接しない

よくある誤解

「とにかく、話しかけやすい雰囲気づくりを心がけています」

「部下は私に対して一応敬語ですが、友だち感覚ですね。伸び伸び仕事させてます」

「友だちのように仲よく接することで部下は伸び伸び仕事をしてくれる。そして、仲がよい上司の言うことはちゃんと聞いてくれるので、チームは円滑に回る」

こういう関係は、すべてが順調に進んでいるときには成立するかもしれませんが、何か問題が発生した途端に破綻することは間違いないでしょう。

上司はルールを決める人、部下はルールを守る人

まず、あたり前の話ですが、上司と部下は友だちではありません。一言で述べると、上司はルールを決める人、部下はそのルールを守る人という関係です。

上司が決定するルールは、チーム運営上の取り決め、部下に何を求めるかなど多岐にわたります。そして、上司はルールを決め、部下にそのルールを守らせる代わりに、チームの勝利に責任をもちます。また、部下は上司の決定したルールを守るという責任をもち、できているかどうか上司から評価を受けるという存在です。

〝友だち課長〟だと、いろいろな問題が……

上司と部下がそれぞれの機能を果たそうとしたとき、友だちのような関係であると次のような問題が発生します。

①部下が上司の決定したルールを守ることに、「理由」を求めるようになる

一つ目は、部下が上司の決定したルールである指示を守ることに、「理由」を求めるようになることです。友だち同士というのは対等な関係ですから、指示という概念は存在しません。友だち同士で指示に代わるものは、お願いです。お願いになれば実行の選択権はお願いされる側にありますから、お願いを実行する見返りなどの理由が必要になります。

つまり、関係が友だちに近づけば近づくほど、部下は上司の指示を実行するのに理由が必要になるのです。上司の指示は、上司が責任者としてチームを勝利に導くために決定したことであり、部下がそれを実行するための理由はまったく必要ありません。その理由が必要だと思って部下が止まっている時間、それを上司が説明している時間、すべてがチームを運営していく上でのロスタイムになるのです。

②ルールに対して上司が評価する機能に問題が発生する

二つ目は、部下のルールの実行に対して、上司が評価するという機能に問題が発生するということです。ここで上司が果たさなければいけない評価の機能は、何ができていて、何ができていないかを部下に明確に認識させることです。とくに何ができていないかという評価を確実に伝えることは重要です。チームに存在している「できていないこと」を修

正していくことが、チームの成長そのものだからです。

しかし、友だちのような関係になってしまうと、できていないことを認識させる機能が弱くなってしまいます。上司の設定した基準に対して「できていない」という指摘が弱くなり、部下側は上司の設定する基準を「一つの考え方」として、指摘を「一つのアドバイス」として捉えてしまうのです。

課長「俺は、このあたりを修正したほうがいいと思うぞ」

部下「アドバイスありがとうございます！」

課長（部下はそう思っているかもしれないけど、俺はアドバイスをしたのではない！）

こうなることで多くのロスタイムが生じ、課題の発見や認識の遅れが発生することになります。そして、チームは勝利から遠ざかることになります。当然、勝利から遠ざかることでさらに上の上司からは厳しい指摘が入るようになりますから、急に友だちのような関係をやめるか、すべてのストレスを課長が引き受けることを選択するか、いずれかを求められることになります。

上下の関係を絶対に崩すな！

では、どのような関係が適正なのでしょうか。繰り返しになりますが、上司と部下はルールを決める人、ルールを守る人という関係です。会社という、ルールある組織体においては、あくまでも上下の関係であり、友だちのような横の関係ではないのです。

上下の関係であることを認識し、部下とは普段から一定の距離感を保つことを心がけなければいけません。

できる課長は部下と友だちのように接しません。上下の関係が崩れたときに、チームの機能は停止し、結果的に全員が不幸になることを肝に銘じましょう。

この対応は正しい！

部下とは友だちではありませんからね。しっかりと指示したり、指摘したりできるようにするためにも、一定の距離は置くようにしています。一人の人間としては寂しいですけど、これが自分の役割ですから。

できる課長は部下と無駄に飲みに行かない

02

よくある誤解

「できるだけ部下とは飲みに行く回数を増やしています。お互い普段見せない面を見ることができて、距離が縮まります」

「部下と飲みに行って、自分の経験談をよく話します。何かの気づきになってくれていると思います」

「部下と飲みに行くことによって、部下との距離が縮まる。部下は自分のことを信頼してくれて、言うことを聞いてくれるようになる。そして、それがチームにとってもよい成果をもたらす」

しかし、部下との距離が縮まるのはよいことばかりではありません。むしろ、悪いことが圧倒的に多いと言えるでしょう。

チームにとっての「よいこと」と「悪いこと」

まず、よいことには何があるかを考えていきます。

上司がチームを運営していくための決めごとを決定していくとき、必要な要素の一つに部下からの「情報収集」があります。普段上司には見えていない情報、現場で起きている情報をしっかり収集するからこそ、正しい意思決定ができるのです。

あまりに部下との距離がありすぎて、上司に対して怖さを感じすぎるあまり、必要な情報を上げることすら禁止されていると錯覚し、一方、部下側も上げなければいけない情報を正しく選択する能力がまだ身についていない状況だと、必要な情報が上がってこないことがあります。そうなると、上司がチームのために正しい意思決定をしていくには不利益が生じます。

しかし、上司との距離がある程度縮まることによって、情報を上げるという部下の大事な機能を停止させていた、上司に対する必要以上の怖さを取り除くことができます。

一方で、どういう悪いことが起きるでしょうか。

私も、サラリーマン時代は「部下とよく飲みに行く上司」でした。よかれと思って、頻繁に部下を連れて飲みに行っていたように思います。しかし、あの頃の記憶をしっかりと思い出すと、非常にまずいことをやっていたなと思います。

まず、居心地がよいメンバーと飲みに行くことが多くなっていました。飲みに行くのですから、お酒が好きであること、そういう場が好きであることが前提になり、趣味が合うなど、完全に仕事とは無関係な要素で誰と飲みに行くかを選択していました。

そして、頻繁に飲みに行っていた特定のメンバーに対しては、しっかりと叱らないといけないシーンにおいても少し緩くなっていました。メンバーからしても、昨日の夜、一緒に騒いでいたのだからという甘えがあったように思います。

「悪いこと」の三つの意味

この「悪いこと」を三つに分けて解説していきましょう。

①上司と部下の関係の根幹部分が崩れ去ってしまう

前項で「上司と部下は上下の関係であると認識する必要がある」とお伝えしましたが、その上司と部下の関係の根幹部分が崩れ去ってしまうということです。

私もそうであったように、頻繁に飲みに行くようになると、そこには上司と部下の会話・関係ではなく、一人の人間としての会話・関係も混在していくようになります。すると、上下の関係は徐々にフラットに近い関係になっていきます。そして、それが翌日以降にも徐々に影響を与えるようになってくるのです。

②部下が上司に必要とされていると勘違いをしてしまう

二つ目は、部下が上司に必要とされている、と勘違いをしてしまうということです。部下は本来、日常業務において、上司からの評価を自ら獲得しにいかなければいけません。つまり、日常業務において、部下は上司から必要とされる存在になることを求められているのです。

一方、上司からの評価を獲得できなくなることは危険な状態です。なぜなら、評価が下がることになるからです。そして、この感覚は、多くの社員の方々が少なからずもっています。

その関係において、部下が上司から必要とされる存在になるにはどうしたらよいのか。それは、日常業務において、「上司に求められていることを実行する」以外にはありません。しかし、飲み会で頻繁に上司と時間を共にし、頻繁に上司から誘われると、それだけで上司から必要とされているのだと勘違いをしてしまうのです。

この勘違いが日常業務において、上司に求められていることを実行することに対する重要性の認識を希薄化させてしまうことになります。私がよく飲みに連れて行っていた社員も、少なからずこうなっていました。それが、本人たちが少しずつ、私に対して甘える要因になっていたのだと思います。

③競争が発生しにくくなる

三つ目は、組織を活性化するために必要な要素である競争が発生しにくくなるということです。私もそうであったように、飲みに行く部下にはどうしても偏りが出ます。特に意図がなく、起き得るマイナスを意識せずに、部下を飲みに誘っていたらなおさらです。偏った部下とだけ飲みに行く上司を見て、他の部下はどう思うでしょうか。一緒にすごしている時間が長い、仲がよい部下は優遇されるという認識をもってしまうでしょう。

競争が起きる前提条件は、置かれている立場が平等であることです。一部の人間だけが優遇されているという認識があれば、他の人間は競争に参加しようとしません。なぜなら、負けたとしても、その優遇が要因だと認識するからです。

できる課長は部下と無駄に飲みに行きません。部下とまったく飲みに行ってはいけないとは言いませんが、そこで起き得るマイナスをしっかりと認識をしたうえで、その場をすごすことをお勧めします。そして、自分の暇つぶしや部下に語ることで自己満足を得るために、思いつきのままに部下を誘うようなことは決してしないでください。

この対応は正しい！

部下と飲みに行くと自分が好き放題話できて楽しいんですけど、最近はやめています。それによる悪影響がわかったからです。チーム目標を達成したときなど、理由があるときだけ行くようにしています。

03

できる課長は、部下に「お願いします」を使わない

よくある誤解

「あまり偉そうにするのは好きじゃないので、部下に何か言うときも『お願い』を使うようにしています」

「どうしたら私のお願いを部下が気持ちよくやってくれるのかを、いつも考えています」

「部下に対して指示はしない。あくまでもお願いをして、部下が納得して気持ちよく働く状態を用意する。そうすれば、部下は力を発揮してくれる」

こうすれば、部下のことを大切にするよい上司のように見えるかもしれません。しかし、この上司は自分の上司としての責任を果たしていない無責任な上司なのです。

ある新任課長の悩み

ある会社の課長から相談を受けたときのことです。

「なかなか部下のマネジメントがうまくいかないのです。部下が私の指示を守ったり守らなかったりで、どうしていいかわからなくて……」

という相談でした。その課長は、半年前までは今の部下になっている人たちと同格で、一メンバーとしてその課にいました。そして、内部昇格で半年前に課長になり、元同僚や先輩が部下にいるという状態でした。双方に前の関係性での感覚が残っているため、このパターンはマネジメントで苦戦します。

いろいろと話を聞いていると、その課長の致命的な間違いを発見しました。

「部下にこんなお願いをするときに——」

「部下にこういう仕事をやってもらっているのですが——」

という言葉が多く出てきたのです。これが、マネジメントがうまくいっていない根本的な原因だとわかりました。

上司として部下に行うことは「指示」であって、「お願い」ではありません。「やってもらう」わけでもありません。

なぜ、上司は部下に指示をできるのか。それは、上司が責任ある立場だからです。上司はチームの責任者として、責任をもって部下に指示しなければなりません。そして、その指示を部下が実行して、うまくいかなければ上司がすべての責任を負うのです。

「お願い」や「やってもらう」という発言は、上司としての責任から逃れようとする発言です。「お願い」や「やってもらう」という言葉では、実行するかどうかの選択権は部下に移っていることになります。つまり、お願いしたうえで、部下が納得したうえでやってもらったことなので、もし、うまくいかなくても上司の責任が半減するように感じることができるのです。

私は、課長に質問しました。

「どうして『お願い』や『やってもらう』というような発言をするのですか？」

すると、

「私は、あまり偉そうにしたくないんですよね」

と。これは、実際そうなのだと思います。しかし、何も上司として偉そうな態度を取るべきだと言っているわけではありません。上司の責任を果たすべく、しっかりと指示すべきだと言っているのです。

「いや、それはあなたが課長としての責任から逃げているだけですよ」

私はそう言い、ここに書いてきたような内容を伝えました。

「確かにおっしゃるとおりですね。偉そうにしたくないということで自分に言い訳をしていたと思います。部下に対しては責任をもって、しっかりと指示したいと思います」

課長は愕然とした表情を浮かべつつも、このように答えてくれました。

部下は、友だち？　恋人？　それとも赤の他人？

部下に対して、理解あるよい上司になろうと思って、お願いしてしまっている事例は他の会社でも多く見てきました。これは、ある一つの大きな勘違いをしてしまっているのが原因です。そして、この勘違いを正すことが、部下と接するうえで最も大切なことと言っても過言ではありません。

それは「上司と部下は、友だちでも恋人でも赤の他人でもない」ということです。「そんなことはわかっているよ」と言うかもしれませんが、多くの上司は本質的理解をしていません。

上司と部下の関係性と、友だち、恋人、赤の他人の関係性の決定的な違いは、指示やお願いに「見返り」が必要かどうかということです。

上司からの指示を実行するにあたり、部下は見返りを求めることはできません。上司も見返りを用意する必要はありません。なぜなら、それは、組織として規定された責任に基づく指示だからです。

一方、友だち、恋人、赤の他人に対して指示をすることはできません。なぜなら、両者の間には規定された責任はなく、あくまでも話し合いによって責任範囲を決める関係であるからです。そして、お願いをするとき、つまり責任範囲を相手に渡すときに、相手はそれを受けるための見返りが必要になってくるのです。

見返りの種類は多種多様です。友だちであれば、次は相手のお願いを聞くことが見返りになるかもしれません。恋人であれば、自分のことを好きでいてくれることが見返りになるかもしれません。また、赤の他人であれば、お金が見返りになるかもしれません。

見返りの種類は多種多様ですが、友だち、恋人、赤の他人のように、同等の立場におけるお願いには、必ず見返りが必要であり、なければ成立しないのです。

見返りを用意するな！

部下にお願いしてしまう上司は、見返りを必死で用意しようとします。

「この仕事、ちょっと嫌かもしれないけど、次は違う人に振るから、今回はお願いね」

「つらい仕事だけど、君の将来やりたいことにプラスになると思うから、やってもらっていい？」

このように「次は違う人に振る」「君の将来やりたいことのプラスになる」という見返りを用意したうえでお願いするのです。これでは友だち、恋人、赤の他人に対する対応と同じです。

上司と部下は、友だちでも、恋人でも、赤の他人でもありません。そして、責任者として、部下に見返りを用意することなく、ただ未来の結果に対する責任から逃げずに、指示しなければいけません。

すべての指示に対して見返りを用意し、すべての見返りに対して部下から納得を獲得しなければいけない組織と、上司が責任をもって見返りなしに指示ができる組織では、どちらが勝者となるかは明らかです。前者の組織はロスタイムが多く発生することになるからです。

できる上司は部下に「お願いします」を使いません。それが、責任者としての責任回避になることを知っているからです。自分の責任から逃げずに、明確に指示をします。

そして、チームを勝利に導き、そのときに、初めて部下に対して正しい見返りを渡せることになるのです。

この対応は正しい！

部下には「お願い」ではなく「指示」をするようにしています。私がしっかりと指示をするということは、偉そうにしているのではなく、上司としての責任を果たしているだけなのです。

04

できる課長は背中で見せない

よくある誤解

「常に上司である自分が率先垂範で部下を引っ張っていくことを意識しています」

「まずは上司である私がやって見せないと、部下を動かすことができないと思っています」

「上司、特に現場により近い課長や部長は、とにかく自ら率先垂範で動いて、部下に背中で見せる。そうすれば、部下もその背中に引っ張られて、やる気を出して頑張る」

そもそも、上司と部下ではもっている役割、責任が違います。上司は、あくまでも自分の管理するチームの成績を上げることが役割であり、責任です。このように上司個人が自分の数字を上げることで組織を引っ張ろうとし続けると、多くの問題が発生します。

プレイングマネジャーはプレーヤーではない

初めにお伝えしたいのは、「プレイングマネジャー」を否定しているわけではないということです。しかし、あくまでもマネジャーであることを忘れてはいけないというのが、この項でお伝えしたいことです。

マネジャーの役割は、言葉の意味どおり管理することです。何を管理するのか。チームがよい成果を残すために、決定したルールがしっかりと遵守、実行されているかを管理するのです。ルールは、挨拶などの基本的なことから、売上などのそれぞれのメンバーに課された責任まで多岐にわたります。

上司のマネジャーとしての重要な役割は、ルールを決定、管理していくことです。そして、管理という業務をさらに細分化すると、ルールをしっかりと守ることができているかの評価と、評価によって発生した過不足を認識したうえでのルールの再設定となります。この上司の管理という機能がしっかりと実行されるからこそ、部下は成長するのです。

成長とは、「できないことができるようになる」ということです。部下を成長させるためには「できないこと」すなわち過不足を評価することで、部下にしっかりと認識させ、正しい再設定によってできるようにしなければならないのです。

上司が管理をするという重要な機能を果たすことができなければ、部下は成長しにくくなります。もちろん、勝手に成長する部下も出てくるでしょう。しかし、組織として機能的に部下を成長させ続けるのは不可能になってしまうのです。

上司が自分の背中で部下を引っ張ると、なぜ管理の機能が停止するのか

では、上司が個人の数字を上げることで組織を引っ張ろうとし続けると、なぜ、上司が担う管理の機能が停止してしまうのでしょうか。

①部下と競ってしまう

一つ目の理由は「部下と競ってしまう」ということです。それにより、例えば、営業であれば常に営業成績で部下を上回っていないといけないと勘違いをしてしまうのです。営

業成績で上回っている上司だから、誰よりも営業ができる上司だから、部下は上司の言うことを聞くものだという勘違いです。

これは、大きな間違いです。なぜ、部下は上司の言うことを聞かないといけないのか。それは組織の機能としてそういう役割になっているからです。上司が責任者として部下に指示し、部下がそれを守る。そして、上司の指示を部下が守ったうえで、チームが負ければすべて上司の責任となる。責任を取れる立場の人の指示だから聞かなければいけない。ただそれだけなのです。上司のほうが凄いから、上司のほうが強いから聞かなければいけないというわけではないのです。


部下と競ってしまうことによる問題は、上司と部下双方に発生します。部下は、

「自分より営業できない上司の言うことを、なぜ聞かないといけないんだ」

「自分のほうが詳しいのに、指示をしてくるなよ」

などと考えるようになり、上司の管理を拒否するようになります。組織の機能上は拒否する権限はないのに、です。そして上司も、

「今月は自分の数字が悪いから、あまり部下には厳しく言えないな」

「部下のほうが詳しいから、あまり厳しいことは言えないな」

と考えるようになり、管理を放棄するようになるのです。

実務の能力、成績、情報で上司が下回っていたとしても、上司は管理から逃げてはいけません。それが、上司の最も重要な役割であり、それなしに部下は正しい成長をし続けることができないからです。

②管理から逃げるまっとうな理由ができる

二つ目は、「管理から逃げるまっとうな理由ができる」ということです。率先垂範で部下と同じ業務をするということは、より現場に近い仕事をすることですから、管理するよりも、体を動かす量が増えることになります。

体を動かす量が増えることは、管理に必要な時間がなくなってしまう要因になります。さらに厄介なのが、「仕事やっている感」を感じてしまうことです。体を動かすと身体的に疲れますから、働いている、忙しいという体感を得やすいのです。

そして、この「仕事やっている感」が、マネジャーとしていちばん大切な仕事である管理をしなくてもよい免罪符となってしまうのです。

管理するという業務は、体を動かす量は圧倒的に少なく、プレーヤー業務で感じることのできる「仕事やっている感」は感じにくいもの。そのため、これまで管理するという業務を経験したことがない人であればあるほど、何をしたらいいのかがわからず、簡単に「仕事やっている感」を得ることができる率先垂範に逃げてしまうのです。

上司は、いつまでも部下の業務を率先垂範してはいけません。管理するという上司の機能こそが、部下を成長させていくうえで絶対に不可欠だからです。ときには、目標を達成するうえで人数が足りないからなどの理由で、率先垂範が必要になる場合があることは否定しませんが、率先垂範だけをやり続けることは、上司としての重要な役割を放棄しているのだ、ということを忘れてはいけません。

この対応は正しい！

率先垂範によって組織を動かそうとすることはやめました。プレーヤーもやっているので、そこではしっかりと成果を残しますが、部下をしっかり管理することで組織を動かすことを意識しています。

05

できる課長は部下に感情的に接しない

よくある誤解

「部下に本気度を伝えるために、わざと声を荒げて怒るようなこともしています」

「一人の人間として部下に接していますから、自分の感情を隠すようなことはしません」

「部下と上司も一人の人間なので、こちらも一人の人間として感情豊かに表現すれば、上司の人間性を理解してもらえ、意図が伝わりやすく、部下も動いてくれる」

会社組織においては、部下と上司の関係はあくまでも部下と上司です。上司の人間性や感情表現が、部下が上司の指示を聞くための「理由」となってはいけません。

部下は上司の怒りをどう認識するか

私の周りにも部下に声を荒げて叱ったり、指導する方は多くいます。私もサラリーマン時代に、そういう上司の下で働いたことがありました。では、怒るという感情表現を使って部下を動かそうとする上司に対して、部下はどのように認識をするのでしょうか。

私も、感情的に怒られるのが本当に嫌でした。そして、感情的に怒られたあとの感想は、ほとんどの場合、「やっと終わった」でした。サラリーマン時代、決して評価の低い社員ではありませんでしたが、不思議と反省の感覚よりは、その場が終わった安堵感のほうが大きかったように思います。

部下に対して指導、指摘が終わったときに、いちばんの理想はどのような状態でしょうか。指導、指摘が終わったことに部下が安堵を感じている状態ではありません。終わった瞬間に次の行動、つまり、今後、同じような指導、指摘を受けないための行動に移っているのが理想の状態です。

怒ったあと、理想の状態にならないワケ

しかし、感情的に怒るという表現を使った上司からの指導では、そのようになりにくいのです。その理由は大きく二つあります。

①上司を一人の人間として見てしまう

一つは、上司を組織人ではなく「一人の人間」として見てしまうということです。上司が感情的になればなるほど、部下は上司を、上司・部下という会社で規定されたルール上の関係ではなく、一対一の人間として見るようになっていくのです。

上司との関係が一対一の人間関係になってしまったら、業務上必要な指導、指摘でさえも、一人の人間としての上司の「個人的な見解」だと認識するようになってしまいます。

「個人的な見解」だと認識すると、友だちや彼氏、彼女から言われているのと同様に「従う・従わない」の選択権が部下の意識に発生します。そして、感情的に怒る上司を見て、一人の人間として嫌いだから、「従いたくない」と思うようになるのです。

もちろん、上司からの指導、指摘ですから、表面上は神妙な面持ちで聞きますが、実際

は、「従いたくない。この人の指導、指摘を受けたくない」と思い、いかにこの場をしのぐかということが意識として最優先となるのです。

②怒られることで安心してしまう

二つ目は、怒られることで安心してしまうということです。

私のお客さまで、とても情熱的な指導をされる責任者がいました。ミーティングもその方のスイッチが入ると長引き、部下一人ひとりに対して激しく怒鳴りつけることも多くあったそうです。

そういう方の部下ですから、「毎日の業務にも緊張感があるのかな」と思っていたら、決してそんなことはありませんでした。部下は皆さん口を揃えて、

「〇〇さんにこの前、こっ酷く怒られました」

「いやー、この前の会議はヤバかったですよ。2時間も延びましたからね。ほぼ、〇〇さんの独演会です」

と、怒られたエピソードを話すのです。そして、それだけ怒られるということは自分の評価や立場が危ういのでしょうから、危機感をもたないといけないはずなのに、皆さんどこかうれしそうでした。

これが、まさに怒られることで安心してしまっている状態です。どんなに成績が悪くても、どんなに指導、指摘されたことができていなくても、力を込めて怒られると、自分は必要とされている存在であるいうことを確認するのです。

その会社の社員は、責任者が感情的に怒ってくれていることで、自分がその人に必要とされていることを確認しているため、時間が経ったあとに私に話をするときにはうれしそうに話すのです。

部下に感情的に指導すると、部下は指導、指摘に従いたくないと思う一方で、この上司からは「必要とされている」と思うようになります。そして、その場は何とかしのぎ、怒られることが終了したことに安堵感を得るようになってしまうのです。

感情よりルールが大事

上司と部下というのは、あくまでも会社が規定したルール上の関係です。そして、その関係を意識上もキープしていくには、しっかりとルールによって組織を運営していくしかありません。

チームを勝利に導くという、会社から設定されたルールとしての役割を上司が果たすために、部下に求めることも明確にルールとして設定する。そして、その設定に対して、何が不足をして何を修正すべきかを、事実に基づき、指導、指摘していくのです。

部下に感情的に接してはいけません。そうすると、あなたを上司としてではなく、一人の人間として認識するようになります。あくまでも、上司と部下はルール上での関係です。感情を出さずに、事実に基づいて指導、指摘することを心がけましょう。

感情は、結果が出たときに出せばいい。勝ったときにはともに喜び、負けたときにはともに悔しがればいいのです。しかし、組織をよい結果に導き、部下を成長させるためには、部下に対する日常の指導に感情をもち込むことは、絶対にやってはいけません。

この対応は正しい！

できるかぎり部下には感情を出さずに指摘するようにしています。イライラするときはありますけどね。でも、感情を出さずに事実を指摘するようになってからのほうが、部下の次の動きが早くなりました。

06

できる課長は数字の未達より挨拶しないことを許さない

よくある誤解

「あんまり細かいことは言いません。少しくらい挨拶とか掃除ができていなくても、仕事を頑張っていたら目をつぶりますね」

「数字につながらないことを親みたいにチクチク注意して、モチベーションが下がってしまってもね」

「与えられた業務をちゃんとやってくれている部下にはあまり細かいことを言わない。細かいことを言わずに、自由に伸び伸びさせてやることがよい上司の条件で、それによって部下は高い成果を残すことができる」

それで一時的には高い成果を残すことがあるかもしれませんが、その成果を継続させることはむずかしいでしょう。なぜなら、挨拶や掃除といった業務とは直接関わらない基本的なことができていない組織では、業務においても、基礎となることが同じようにできなくなるからです。

「姿勢のルール」を守らない部下を認めてはならない

私は、挨拶、掃除、時間を守るなどの「できる・できない」が存在しない、やろうと思えば誰でもできるルールのことを「姿勢のルール」と呼んでいます。なぜ、「姿勢のルール」と呼んでいるのか。文字どおり、上司が設定するルールに対する部下の「姿勢」を表しているからです。

上司が設定した、できる・できないが存在しない「姿勢のルール」を50%しか守らない部下は、上司の業務上の指示も「50%くらい守っていればいい」という姿勢で取り組みます。仮に50%くらいの姿勢でもよい成果が出ていたとしたら、それは目標が低すぎるか、外的要因による偶然です。上司が求める成果を出し続けることはありません。なぜなら、残り50％は自分なりによいと思うことを、自分がやりたいように取り組んでいるからです。

仮に求めていた数字が未達成であれば、次どうするかを考えさせ、設定していくのが上司のやるべきことです。しかし、「姿勢のルール」を守らないということは、明確にできることをやっていないので、次どうするかではなく、絶対に許してはいけません。

「姿勢のルール」の徹底遵守を第一に

また、部下がなかなか言うことを聞いてくれないと悩んでいる上司、初めて部下をもつようになって部下にどのように接すればよいのかがわからないという上司は、まずはこの「姿勢のルール」の徹底遵守に取り組まれることをお勧めします。

そのためにまず、「姿勢のルール」を守らないことと、数字が達成できないことは、まったく異質なものであるとしっかり理解してください。これが混同してしまっているので、挨拶できていないことに対して次どうするかを聞いたり、実力不足で数字が未達成のときに、次どうするかを考えることができないくらいに叱責したりしてしまうのです。

「姿勢のルール」を守らないということは、法律違反しているのと同じです。その組織の一員であり続けるための法律に違反しているのです。それは、明らかな怠慢であり、サボりです。数字の未達成、スキル不足によって納期が守れないこととは、まったく種類が違うものです。分類としては犯罪と同じと言えるでしょう。

部下は上司の指示を聞かなければいけない存在

少し極端な表現になりましたが、ここまで言ったら「姿勢のルール」を躊躇なく取り締まることができそうでしょうか。決まっている法律を取り締まるだけです。やろうと思えば誰でもできます。これが上司として、管理者としての第一歩であり、最低限できなければいけない仕事です。

そして、この最低限できないといけない、そして、やろうと思えば誰でもできる「姿勢のルール」を守らせることができたら、あなたの業務における指示に対する、部下の姿勢が変わることを実感できるはずです。

部下が言うことを聞かないときに、部下に言うことを聞いてもらおうとするのは逆効果。聞いてもらうために上司が部下に合わせるのは、最もやってはいけない行為です。上司の指示を聞くかどうかを、指示ごと部下が選択するようになるからです。

まずやるべきことは、部下は上司の指示を聞かなければいけない存在であることをしっかりと認識させること。上司の決定したルールを守らなければいけない存在であることを認識させることです。そのために、いちばんの基礎となる「姿勢のルール」を、とにかく徹底的に守らせるようにしてください。

数字が未達成であることより、挨拶をしないことを許してはいけません。「姿勢のルール」を守るかどうかは、上司であるあなたのすべての指示に対する、部下の姿勢を表しています。組織全体があなたの指揮どおりにスムースに動く状態をつくるには、まず「姿勢のルール」を徹底遵守させることが重要なのです。

この対応は正しい！

あまり細かいことを言うのは苦手ですけど、「姿勢のルール」だけは徹底させるようにしています。しっかりこちらが言えば部下は守るんですよね。チームにもよい緊張感が出てきたように思います。

07

できる課長は、部下の「モチベーション」を気にしない

よくある誤解

「上司の重要な役割の一つは、部下のモチベーションを上げることだと思っています」

「部下のモチベーションを下げないために、常に部下が何に不満をもっているかを気にかけるようにしています」

「部下が高いモチベーションで働いてくれたらチームとしての成果も上がる。だから、上司は部下のモチベーションを上げること、下げないことを最優先に考えていけば、自ずとチームの成果につながる」

このように部下のモチベーションを上げることを最優先に組織運営したら、チームは間違いなく勝利から遠ざかります。そもそも、モチベーションは自己の意識内で設定したり、発生したりするものです。上司が用意したり、与えたりするものではありません。

モチベーションは気にしなくていい！

モチベーションという言葉が流行して久しいですが、この言葉によって多くの上司が部下との接し方、指導の仕方で苦労してきたことは間違いありません。私たちが普段接しているお客さまもそうでした。そして、この本を読んでいる方には、このようにお伝えしたいと思います。

「明日からは部下のモチベーションを気にしなくて結構です。むしろ、モチベーションという言葉も使わないようにしましょう」

そして、そのことが結果的に、上司であるあなたにとっても、部下にとっても必ずプラスになるということをお約束します。

では、なぜモチベーションという言葉を使うことがそこまでダメなのか。理由を挙げ出せばキリがないのですが、ここでは重要な観点を二つ紹介します。

モチベーションは仕事を頑張るための理由ではない

モチベーションは仕事を頑張るための理由として使われています。これは、昨今の社会的風潮がそうさせているところがあるのですが、「社員のモチベーションを上げて頑張ってもらうのが会社の責任」ということが「常識」になっているのです。

そうなると働く人たちは、「会社がモチベーションを上げてくれるから頑張る」となります。それは裏を返せば、「会社がモチベーションを上げてくれないから頑張らなくてよい」となるのです。

つまり、「自分が仕事を頑張るには会社がモチベーションを与えてくれることが必要であり、モチベーションは仕事を頑張る理由として必要である」と認識してしまっているのです。

しかし、一人ひとりが仕事を頑張る理由として、モチベーションを求め出したらどうなるでしょう。一つひとつの業務について、頑張る理由を用意しなくてはいけなくなってしまいます。

上司と部下の会話です。

「この業務をやりなさい」

「あまりモチベーションが上がりません」

「つまらなく見えるかもしれないけど、会社にとっても大事な仕事で、君の成長にもつながるんだよ」

「モチベーション上がってきました。頑張ります」

と、なればまだマシでしょう。ところが、

「いや、それではモチベーション上がりません」

「ちょっと、ミーティングしよう。じっくり説明するから」

ここまで極端なことはないにしても、これに近いことが起きている会社は少なくないのではないでしょうか。

上司は、チームを勝利に導くという責任を負っています。その責任を果たすために、部下に役割を与えます。ときには、部下にとってモチベーションが上がらない、つまらない仕事があるかもしれません。しかし、それもチームの勝利のためには必要な仕事であるから、上司は指示をしているのです。

「だったら、上司はそのつまらない仕事がどのように役立つのかを説明して、モチベーションを上げる必要がある」

という声が聞こえてきそうです。

部下の理解ができる範囲でそのような説明をすること自体は否定しません。しかし、その仕事の重要性について、上司と部下が同じレベルで理解をすることは不可能です。今もっている責任も情報も、これまでの経験も違うからです。理解できないこと、理解するのに時間がかかりすぎることに、上司と部下の時間を割くのはロスタイム以外の何ものでもありません。

部下のモチベーションを気にしすぎる組織では、このロスタイムが多く発生します。すべての業務に理由を求め出し、上司がその理由の説明に時間を費やし、ロスタイムが発生する。この競争社会において、このロスタイムは致命的です。ロスタイムの少ない会社と比較して、競争力が低下することは明らかです。

部下に、すべての業務に対して「頑張る理由」が必要などという勘違いをさせてはいけません。その組織にいることを選択し、その役割を与えられている以上、頑張る理由が見つからなくても、やらなければいけないのだということをしっかりと認識させなければいけません。

頑張る理由を求める社員だらけの組織では、ロスタイムが多く発生し、競争に負けて、結果的に全員でモチベーションを消失させざるを得なくなってしまうのです。

モチベーションは人に与えてもらうものではない

モチベーションは自分で設定したり自分のなかで発生させたりするもので、人に与えられるものではないということも指摘しておきます。

例えば、上司にこのようなことを言われて、シラケた経験はないでしょうか。

「お前ももっと頑張れば、俺のように若くして課長になれるよ」

「俺がしているような時計が欲しければ、もっと頑張れ」

「そんなもんじゃ、成績優秀者旅行に行くことはできないぞ！」

若くして課長になりたくない人はシラケるでしょうし、時計にあまり興味がない人もシラケるでしょう。

社長と一緒に成績優秀者旅行に行きたくない人だったら、むしろ、逆のインセンティブが働くかもしれません。

会社がモチベーションを上げるためのオプションをどれだけ多く用意したとしても、それが自らのモチベーションになるかどうかは、その人がそうしたいかどうかにかかっているのです。

上司の役割は、部下にモチベーションが設定される状態をつくること

モチベーションに関する上司の本当の役割とは何か。モチベーションを上げる手助けをすることではありません。部下のなかに、勝手にモチベーションが設定される状態をつくることです。

では、どういうときに部下はモチベーションを設定するようになるのか。どういうときに、部下が勝手に「課長になりたい」「もっとよい時計がほしい」「表彰されたい」などと思うようになるのでしょうか。

それは、部下が「成長感」を感じるようになったときです。自分の成長を実感しているときに「もっとこうなりたい」「もっとこういうものがほしい」という、さらに頑張ろうという「動機」であるモチベーションが発生するのです。

モチベーションはさらに頑張ろうという動機でなければいけません。それが、頑張る理由になってしまっては、組織においてあたり前の、やらなければいけない業務を行うところにさえ、部下が理由を求めるようになります。

上司は、頑張る理由としてのモチベーションはいっさい気にしてはいけません。しっかりと、動機としてのモチベーションを部下に自己発生させていかなければいけません。そのためには、部下を成長させる必要があります。

そして、動機としてのモチベーションだけを気にするようになれば、日々の会話のなかに「モチベーション」という言葉はなくなるはずです。

この対応は正しい！

もう久しくモチベーションという言葉を使ってないですね。あの言葉に苦しめられたし、結果的に部下のためにもまったくなってなかったと思います。部下が勝手にモチベーションを発生させるような組織にしていきます。

Chapter 3

できる課長の部下育成

01

できる課長は部下のやり方に口を出さない

よくある誤解

「部下が間違ったら、すぐに軌道修正をしてあげることを心がけています。失敗して部下に嫌な思いさせたくないですからね」

「できるだけ部下を放置しないようにしています。とにかく伴走してあげるようにしています」

「部下のやり方にまでしっかり目を配り、何か問題があれば即座に修正し、教育する。そうすれば、部下は失敗をしないし、正しい方法を理解し、成長していく」

このような上司の下であっても、部下は少なからず成長をすることは否定しません。しかし、部下はいつまで経っても、何か問題があれば上司が修正してくれるという前提での動きしか取れなくなります。そして、一人で上司の求めることができるようになるには時間がかかり、もしくは、いつまで経ってもできるようにはならないでしょう。

優秀なプレーヤーだった上司ほど口を出してしまう

プレーヤーとして優秀な成績を残していた上司ほど、部下のやり方に細かく口を出してしまいます。私自身もプレーヤーとしての成績は優秀なほうだったので、割と順調に部下をもつ立場になりました。そして、自分のやり方が正しい、自分はこうやって実績を残してきたという自負もありましたので、部下のやり方を細かくチェックして指示を出していました。

「このお客さまの売上を増やそうと思ったら、あの人がキーマンだから接触回数を増やしなさい」

「今のお客さまの課題はこうだろうから、こんな提案をしたほうがいいんじゃないか」

「あのお客さまは仲よくなったほうがいいので、接待に行ってきなさい。お店はこういうところで」

私が細かく指示を出していましたので、売上はある程度順調に伸びました。しかし、誰よりも私が忙しいという状況でした。

そしてあるとき、部下がまったく成長していないことに気づきました。部下は毎日、一生懸命仕事に取り組んでいますから、一定の成長はします。しかし、本来求められている役割で考えなければいけないことができなかったり、判断すべきことが判断できなかったりという状態でした。

そして、部下たちは考えなければいけないとき、判断しなければいけないときに必ず止まるようになりました。止まれば、私が「答え」を提示してくれるからです。そして、私が提示した答えどおりのことをやっていれば、よい結果につながらなくても私に怒られることはなかったのです。

求める状態とその期限を明確に伝え、あとは期限が来るまで口を出さない

では、私はどうすればよかったのでしょうか。簡単に言えば、「求める状態とその期限を明確に伝え、あとは期限が来るまで口を出さない」ということです。例えば、「5月末

までに、このお客さまの売上を○○円にしなさい」と設定し、5月末までは口を出さないようにすべきでした。

もちろん、その設定だけでは経験やスキル的にまだむずかしい部下もいるでしょう。だとしたら、「5月末までにこのお客さまの売上を○○円にするために、まず、今月、売上を○○円までもってきなさい」であったり、「5月末までにこのお客さまの売上を○○円にするために、今月は、今まで扱っていただけていない3種類の商材を新規で採用してもらいなさい」であったり、手前の設定を用意するのです。

そして、ここでもその月の月末までは口を出してはいけません。それでも不安だったら毎週の管理に変え、まだむずかしいようだったら3日ごとの管理に変えていけばいいのです。ただし、設定した期限を迎えるまでは口を出してはいけません。

口出ししてはいけない理由は？

なぜ、口を出してはいけないのか。大別して二つの理由があります。

①部下が、上司から口を出してもらうことを前提とした動きしか取れなくなる

一つ目の理由は、部下が、上司から口を出してもらうことを前提とした動きしか取れな

くなるということです。間違った方向に行ったら上司が軌道修正してくれる、もしくは、止まれば上司が動かしに来てくれる、という前提で動くようになるのです。このような状態では、いつまで経ってもその業務が一人でできる状態にはなりません。

②常に言い訳の材料をもち合わせた状態で仕事をさせることになる

そして、二つ目の理由は、常に言い訳の材料をもち合わせた状態で仕事をさせることになるということです。「上司の言うとおりにやっているのだから、失敗しても自分だけの責任じゃない」という言い訳です。

やり方にいちいち口を出されるわけですから、このように部下が思うのは当然です。設定した期限を迎える前に上司が口を出すと、部下は少なからずこの思考をもってしまいます。そして、うまくいかなかったことを自責と捉えることができないために、自らの不足を認識することができず、成長スピードが遅くなってしまいます。

部下のやり方に口を出し続ける上司は一つの致命的な勘違いをしていることが多いものです。私も例外ではなく、その勘違いをしていました。それは「どんな仕事であっても、部下より上司である自分のほうができる」という勘違いです。正確に言うと、「部下より上司である自分のほうができ続ける」という勘違いです。
部下も上司も一人の人間です。複数のポジションを管理しなければいけない上司が、一つのポジションだけを担当している部下に対して、いつまでも上回り続けられる確率はかなり低いと言えます。

できる上司は部下のやり方に口を出しません。上司が部下のやり方に口を出さずに、部下が目標を達成することが自分の責任であると認識し、どのように達成するかを真剣に考え続ければ、部下の行動が、よい意味で上司のイメージを超えてくる瞬間が必ずやってきます。そして、それが「組織がもう一段階強くなる瞬間」なのです。

この対応は正しい！

設定した期限が来るまでは、部下のやり方に口を出さないようにしています。そうすると、不思議と自分のイメージ以上のアウトプットが出てくるようになるんですよね。

02

できる課長は、「やってみなはれ」を単独では使わない

よくある誤解

「とにかく部下を成長させるために、自由にやらせています」

「まずはやっぱり『やってみなはれ』ですよ。どんどんチャレンジさせるようにしています」

「部下を成長させるために、自主的に動けるようにするために、できるだけ部下に自由を与える。そうすれば、部下は自ら考えて動くようになる」

それぞれが自主的に考えると、個々が伸び伸びと働く理想的な組織になるような錯覚を起こしますが、残念ながらこれで組織をうまく運営し続けるのは、かなりむずかしいと言えます。

前項では、「部下のやり方に口を出してはいけない」と言っておきながら「自由にやらせてはいけない」というのは、矛盾していると思われた方もいるでしょう。しかし、部下のやり方に口を出さないというのと、「放置する」というのはまったく違います。

部下のやり方に口を出さないのは、あくまでも「上司が求めること」に到達するうえでのやり方に口を出さないということです。上司が求めることの設定をしないまま自由にやらせるというのは、ただの放置です。これでは、部下が「正しい成長」をすることはむずかしくなります。私たちのお客さまにも、部下に任せることと放置を間違ってしまっていた例は多くあります。

社員を放置してしまっていた組織の行く末

部下を放置してしまっていた組織では、どういうことが起きるのでしょうか。

130～140名くらいのベンチャー企業のコンサルティングを担当させていただいたときの話です。会社は時流に乗って順調に拡大してきたのですが、競合が増え成長が鈍化してきたというタイミングでの依頼でした。

順調に拡大してきたときは、経営的にも余裕があったので、社員の自主性を尊重し、どんどん新しいことにチャレンジさせていました。チャレンジする姿勢を評価するという文化をつくってきたのです。まさしく「やってみなはれ」です。

そのベンチャー企業の部長も、会社の文化を踏襲し、社員にはどんどん自ら動くことをいちばんに求め続けていました。

やがて、業績が停滞するタイミングがやってきました。こうなると、チャレンジする姿勢だけで評価するのはむずかしくなります。当然ですが、会社は営利組織ですから、利益増を目指さなければいけません。事業の責任者である部長は、真っ先に業績のみで評価されるようになりました。しかし、なかなか、部長から部下に対する評価をすぱっと切り替えることができずに苦しんでいました。

そのような状況のなかで、部長が部下の行動、提案を見直すと、あることに気づいたと言うのです。それは、

「何より、部下が『自分がやりたいかどうか』を優先する組織になっている。組織が伸びることでも、自分が嫌だと思うことはやらなくてもよいということが是となっている」ということです。これが、社員を放置してしまった組織の行く末です。

「上司の求めること」の設定がない状態で口を出さない組織は、ただの無法地帯です。部下が部下なりの基準で、必要なこと、正しいことを判断してしまいます。そして、「新しいチャレンジというのは、すぐには結果が出ないものですよ。もうちょっと長い目で見てもらわないと」

「私なりに考えがあってやっているのです。そんなにすぐ結果を求められても困ります」

というような、その場しのぎの発言が繰り返されるようになってしまうのです。

新たなチャレンジは前例がないことが多いので、「いつまでに何を求めるか」の設定がない状態で進むことが多いものです。

しかし、上司は「いつまでに何を求めるか」を設定したうえで部下に任せないといけません。設定せずに任せるのは、放置です。

前例がない新たなチャレンジであっても、何かしらの目標があってなされているはずです。そして、その目標に近づくためには、最終的な目標の前に、途中の目標を設定できるはずです。その設定を上司の「いつまでに何を求めるか」として、期限を迎えたときにしっかりと評価しなければいけないのです。

明確な目標設定のない状態でチャレンジさせるのは危険

明確な目標設定のない状態での「やってみなはれ」は危険です。部下が、独自の基準で必要なこと、正しいことを判断してしまうからです。そして、多くの場合「やってみる」こと自体が必要なことで、それだけで自分は評価されるというように勘違いをしてしまうのです。

やってみること、チャレンジすること自体はまったく否定しません。むしろ、どんどん挑戦すべきです。

しかし、部下に対して何の目標設定もないままチャレンジさせてはいけません。「やってみなはれ」を使うのであれば、セットで「ただし、いつまでにこうなることを求める」ということを伝えなければいけないのです。

やってみること単独では何の価値もないのに、やってみること自体に価値があると判断した部下は、その方向に成長してしまいます。しかし、それは正しい成長とは言えません。組織における正しい成長とは、「上司の求めることができるようになる」ということなのです。
できる上司は「やってみなはれ」は単独で使わず、上司として「いつまでに何を求めるか」を必ずセットにすることを忘れてはいけません。

この対応は正しい！

昔はどんどん自由にやらせてあげるのがよい上司だと思っていて、部下に勘違いをさせてしまいました。今は、必ずいつまでに何を求めるかについてもセットで伝えるようにしています。

03

できる課長は部下を無駄に褒めない

よくある誤解

「どんな部下でも褒めることができるところを探しています。そこを褒めれば部下のやる気が上がりますから」

「部下が業務に取り組んでいるときも、褒める言葉をかけるようにしています。気持ちよく働いてほしいですからね」

「とにかく部下は褒める。そうすれば、部下は承認欲求が満たされて、不満なく伸び伸び働いてくれる。そして、それが高いパフォーマンスにつながる」

部下をまったく褒めるなとは言いません。しかし、無駄に褒めすぎると、部下はいろいろな勘違いをして、結果的に部下のためになりません。そして、褒めすぎる上司の下ではチームが競争に勝ち続けることもむずかしいでしょう。

褒められた部下は、褒められたことをどう認識するか

まず、褒められた部下はどのような認識をもつかを考えてみましょう。褒められるということは、「求められている基準以上のことができた」と部下は認識します。

私も小さな子をもつ親ですが、初めてゴミ箱にゴミを捨てることができるようになったとき、初めて一人でトイレを済ますことができるようになったとき、子どもを褒めました。そして、褒められた子どもは、得意気な顔をしていました。これが、まさに褒められた側の感覚です。

「パパ、凄いでしょう」

つまり、自分に期待していた以上のことをできたと、パパが認めたと認識したということです。

しかし、あるときから、一人でゴミ箱にゴミを捨てることができたとしても、一人でトイレを済ますことができたとしても、子どもを褒めることはなくなりました。初めは子どもから引き続き「褒め」を要求されますが、それもなくなりました。

では、どういう状態になったときに、褒めなくなるのか。それは、褒めていたことが「あたり前」になったときです。当然ですが、子どもがあたり前にできるようになったことは褒めなくなるのです。そうすれば、子どももそれがあたり前のことだと認識をするようになり、褒められるためには、もっとレベルの高いことをしなくてはいけないと認識するようになるのです。

褒め続ける上司の組織では「あたり前の基準」が低くなる

これを、部下との関係に置き換えて考えてみましょう。上司が部下を褒めたとき、部下はどのような認識をもつのでしょうか。

「売上100%達成か。凄いね、よく頑張ったな」

こう褒められた部下は、このチームでは売上100%達成というのは褒められるべきことであり、あたり前のことではない、という認識をもちます。すなわち、このチームの「あたり前の基準」は、売上100%達成より下のところに設定されたということになります。

上司が褒めるということは、それより下に「あたり前の基準」が設定されるということであり、褒めることを連発するような上司の組織では「あたり前の基準がどんどん低いラインに設定されていく」ことになるのです。

となると、部下を褒める上司は、部下の成長という観点でいうと、よい上司であるとは限らないということです。むしろ、褒めることを連発する上司は「あたり前の基準」を引き下げる悪い上司なのです。

褒めると部下は喜びます。喜んでいる姿を見て、上司もうれしい気持ちになるでしょう。そして、褒めない上司より、褒める上司のほうが人気者になることは間違いありません。部下とのコミュニケーションもスムースになるでしょう。しかし、それによって部下の未来の成長機会を奪っているとしたら、安易に褒めることはできなくなるはずです。

こちらが認識しているあたり前の基準を大きく上回ったときには、大いに褒めてあげればよいのです。普段「売上100％達成」では表情を何も変えなかった上司が、褒めてくれたとしたら、部下にとってその価値は大きなものとなるでしょう。

そして、組織のなかに「私も褒められたい」という意識的競争が起き始めると、組織は強くなっていきます。

部下を無駄に褒めてはいけません。部下が認識する「あたり前の基準」が下がるからです。部下の未来の成長を考えたときに上司がやるべきことは、無駄に褒めないことです。上司の認識するあたり前の基準を大きく上回ったときのみに褒めるようにしましょう。「褒め」の安売りは絶対にしてはいけません。

この対応は正しい！

部下を褒めることはできるだけ控えるようにしています。本当は褒めてあげたいと思うときもあるんですけどね。でも、それによって、部下に基準を下げてほしくない、もっと成長してほしいですから。

04

できる課長は頑張っている姿を評価しない

よくある誤解

「少々成果が悪くても、頑張っているやつをきちんと評価してあげたいですね」

「結果だけではなく、評価にはプロセスをできるかぎり考慮するようにしています」

「結果だけでなくプロセスを評価してあげることで、部下のやる気を損なわない。また、よいプロセスができているということは、未来のよい結果につながるはずなので、プロセス評価を大切にしている」

広い意味でのプロセス評価自体は否定しません。確かに今は業績につながらないことでも、しっかりとプロセスを踏まえていれば、未来の業績につながることはあります。

しかし、「頑張っている姿」のように、人の解釈によって何とでも取れることを評価してしまうのは危険です。そして、多くの会社のプロセス評価はそうなっているのです。

客観的事実のプロセス評価ならば、問題ない

では、どのようなプロセスの評価だったら問題ないのでしょうか。それは客観的事実で評価をすることに尽きます。

「あいつは営業を一生懸命やっているから、頑張りを評価してやらないと」

というのはダメです。しかし、同じ事象を捉えて、

「あいつはメンバーのなかでいちばん多くのお客さま先を訪問しているから、いちばんであることを評価してやらないと」

というのであれば成立します。

「一生懸命やっている」と「メンバーのなかでいちばん多くのお客さま先を訪問している」の違いは何か。それは、客観的事実であるかどうかということです。

では、なぜ、客観的事実でなければいけないのか。それは、そもそも、なぜ上司が部下を評価するのかという根本の話になります。

客観的事実を評価するからこそ、評価の機能が活きる

評価とは「物の善悪・美醜などを考え、価値を定めること」（大辞林）です。つまり、それぞれの社員の会社における価値を定めるのが、評価のそもそもの機能です。それが、会社が社会から獲得した対価をどのように分配するか、給与や賞与を決める要素となるわけです。

そして、評価のもう一つの重要な機能は、部下を成長させる機能です。そしてこの機能は、分配つまり給与を決定する半期や一年でなされる定期評価のみならず、日々の部下とのコミュニケーションのなかで行われる日常的な評価でも果たされなければいけません。

評価がなぜ、部下を成長させるという機能を果たすのか。それは、成長とは「できないことができるようになる」ことだからです。つまり、部下を成長させるためには、まず、何ができていないのかを正しく認識させる必要があり、その機能こそが評価なのです。

何ができていないのかを認識させることが、上司が部下を評価するうえで重要な機能になっているからこそ、評価は客観的事実に基づかなければならないのです。

例えば、「君は一生懸命さが足りない」と言われたとしても、明日からどのように取り組んでよいのかわかりません。つまり、自分ができていないことを具体的に認識できていないのです。これでは、評価が重要な機能をまったく果たしていないことになります。

何ができていないかを部下に明確に認識させるうえで、何を求めるかも客観的事実で設定することが重要です。

「あいつはメンバーのなかでお客さま先をいちばん多く訪問しているから、いちばんである事を評価してやらないと」

確かに、この発言は客観的事実に基づいて評価していることになりますが、求めることの設定が不足しています。「メンバーには月30件以上のお客さま先を訪問することを求める」といった設定があったうえで、メンバーのなかでいちばん多い40件を訪問していて、「メンバーのなかでいちばん多く、かつ、設定から10件も多くお客さま先を訪問している」ことが正しく評価できるのです。そして、仮に20件しか訪問できていなければ、20件訪問という客観的事実から、「10件足りない」という「できていないこと」が明確になるのです。

部下を正しく評価し、部下に「何ができていないのか」を明確に認識させるためにも、客観的な事実で評価がなされなければいけないのです。

上司の主観で部下を評価すると、部下は成長しなくなる

また、客観的事実ではなく、上司の主観で部下を評価するようになると、部下はどのような行動を取るようになるでしょうか。「何となく誰よりも一生懸命仕事してそうな人」や「誰よりも積極的に上司に質問してくる人」や「誰よりも残業して遅くまで頑張っている人」が、上司の主観で「あいつは一生懸命」だと評価されてしまったら、部下はどのような行動を取るようになるでしょうか。

当然、上司の主観で評価されるような行動を取るようになります。客観的事実であり、実際は業績に直結する訪問量を増やすことよりも、メインの業績である売上を増やすことよりも、上司の主観で評価されるためのアピールが最重要となってきてしまうのです。

これでは部下が正しい方向に成長できません。正しい方向というのは、チームや会社の業績拡大に寄与できる方向ということです。

そして、このような個人が集まったチームは必ず負けることになります。上司が客観的

事実ではなく、「頑張っている」や「一生懸命やっている」などの上司主観によるプロセス評価をしていては、部下は成長せず、そのチームは勝てなくなってしまうのです。

部下の頑張っている姿を評価してはいけません。上司として部下を成長させ、チームを勝利に導くためには、客観的事実に基づいて評価をすることが大切です。

自らの主観や好き嫌いで評価してしまうと、一時期の満足を得ることができたとしても、それが継続することはありません。なぜなら、部下は自分が正しく成長すること、チームの勝利に貢献することが何かを認識できなくなってしまうからです。

この対応は正しい！

評価は客観的事実に対してするということを心がけています。そうでなければ、部下はアピールだけがうまくなって、本当の意味で成長することができないですからね。

05

できる課長は「もっと気合いを入れます」を許さない

よくある誤解

「情熱がある部下は気持ちよいですね。部下にはもっと情熱をもてと言っています」

「やっぱり最後は気持ちが大事です。気合いが入っていない部下には、そのことを指摘するようにしています」

「自分もこれまでは、情熱や気合いでよい成果を上げてきた。だから、部下に同じことを求める。自分と同じように気持ちが入った仕事ができるようになれば、間違いなく成果は上がる」

気合い、情熱、何かを成し遂げようと思ったときに、それらが大切であることは否定しません。しかし、それを部下に求めてしまうと、上司が意図しない方向に部下は進んでしまいます。

何を見て「気合いが入っている」「情熱がある」と判断するのか

まず、「気合いが入っている」「情熱がある」というのは、何を見て判断をするのでしょうか。

・居酒屋で熱く自分の夢を語る部下

最近は、自分の夢をしっかりもって就職する若者も減っているようですから、情熱がありそうに見えるかもしれません。

・飲み会には積極的に参加せずに、家で勉強をしている部下

業務時間外にも勉強して、他の人よりよい成績を残したいと思っているのでしょうか。

情熱がありそうですが、残念ながら上司から見ると、情熱があるようには見えないかもしれません。

・自分の業務外でも、会社がよくなりそうな提案を積極的にしてくる部下

会社をよくしたいという思い、その積極性、情熱があるように見えます。

・黙々と自分の与えられた業務をこなし、必ず達成してくる部下

必ず達成してくるので内に秘めた情熱はあるのかもしれませんが、あまり表現しないということで、上司から見たら情熱があるように見えません。

・朝礼で誰よりも大きな声で発表する部下

気合いが入っていて、情熱がありそうです。

何種類かの事例を出しましたが、何を見て「気合いが入っている」「情熱がある」と判断するのでしょうか。それは、部下の「行為」を見て判断しているのです。

部下が、本当に気合いが入っているのか、情熱があるのか、実際のところはわかりません。気合いが入っていそうな、情熱がありそうな行為をしているにすぎないのです。気合いや情熱は自分のなかにもつものであり、何かで表現するようなものではありません。ましてや、上司から部下に求めるようなものではないのです。

上司が部下に気合いや情熱を求め出したら、どうなる？

では、上司が部下に気合いや情熱を求め出したらどうなるでしょうか。部下は、気合いが入っていそうな、情熱がありそうな行為を、厳密に言うと、上司から見て気合いが入っているように見える、情熱がありそうに見える行為をするようになります。

私が担当したお客さまに、個人宅の訪問販売の会社がありました。その会社は、まさに部下に気合いや情熱を求める会社でした。

マネジャーをトレーニングしているなかで、部下の管理方法を細かく確認したかったので、日々の日報を見せていただいたことがありました。そこには、次のようなことが書かれていました。

「今日は、１件未達成でした。気合いが足りませんでした。明日は朝イチから気合い入れていきます」

「最近、目標達成に向けた熱い思いが欠けていたように思います。今日はチームで決起会を開き、再度、熱くいきたいと思います」

まさに、この日報の内容こそが、上司から見て気合いが入っていそうな、情熱がありそうな行為そのものです。おそらく、部下はこのような日報さえ書いていれば、業績が悪くてもある程度許されてきた経験をしてきたのだろうと推測できました。そこで、日報の内容をすぐに変更していただきました。

日報に「明日の行動を具体的にどのように改善していくか」を記入する

この日報では、日報の大切な要素が欠けていました。それは「明日の行動を具体的にどのように改善していくか」ということです。

日報で上司に報告すべき内容は、簡単に言うと「本日の成績」「何が足りなかったか」「足りなかった部分を修正するために、明日は具体的にどのように行動を変更するか」の3点です。この3点が揃うからこそ、日報は報告機能だけでなく、業務改善や部下の成長のための補助ツールとして機能するのです。

もちろん、日報だけの話ではなく、日々の部下とのやりとり、会議でも同じことが言えます。未達成な項目やできていないことを指摘したときに、部下から、

「もっと気合いを入れてやります」

と言われても許してはいけません。未達成やできていないということは、具体的に何かを変更しないかぎりは、その状態が続く可能性が高いからです。そして多くの場合、この

「もっと気合いを入れてやります」は、その場しのぎにすぎないからです。
「気合いはどっちでもいいから、具体的に何を変えるのか教えてくれ」
と言わなければいけません。気合いや情熱は自分のなかにもつものであり、何かで表現するようなものではないし、その表現がうまいことで未達成やできていない状況が許されるものではないということを、部下にしっかりと認識させなければいけないのです。

本質的な問題を捉える機能が低下する

上司が気合いや情熱を部下に求めることで組織をよくしようとしたときには、組織を強くするための重要な機能が低下していく、ということも忘れないでください。それは、今起きている事象の「本質的な問題」を捉えるという機能です。

解消することで組織がよくなる問題が「本質的な問題」です。気合いや情熱が足りないことが問題だと思っている間は、この本質的な問題は発見できません。

また、気合いや情熱は組織改善の本質的な問題になることもありません。

気合いや情熱は、あくまでも部下の行為を見て判断していることです。上司から見た気合いや情熱が足りないということが本質的な問題だとしたら、それは何らかの行為が不足しているにすぎないからです。気合いや情熱を部下に求めるのではなく、具体的に、行為として何が不足しているのかを指摘しなければいけません。

「気合いが足りない」ではなく、「お客さまへの改善提案の回数が足りない」や「訪問数が足りない」と指摘をしなければいけないのです。

部下からの「もっと気合いを入れます」を許してはいけません。気合いや情熱では何の問題解決や成長にもならないからです。部下に気合いや情熱を求めるのではなく、何が足りないかを的確に指摘し、それを埋めることを求めなければいけません。

この対応は正しい！

部下にもっと気合いを入れろとか、情熱をもちなさいと言うのはやめました。そういうものは部下のなかで勝手にコントロールすべきものです。私の役割は、部下に不足を正しく認識させることです。

06

できる課長は部下の「腹落ち」を求めない

よくある誤解

「指示をするときは、しっかりと部下が腹落ちするまで説明することを心がけています」

「部下が納得してくれているときのほうが力を発揮しますからね。しっかりと納得するまで話をします」

「どのような業務であっても、部下に指示をするときは意図をしっかりと説明し、部下を腹落ちさせる。そうしなければ、部下は高いパフォーマンスを発揮できない」

部下に対して、ある程度は指示の意図を説明し、認識させたほうがスムースにいく、ということもあるでしょう。しかし、すべての業務に対してそうとはかぎりません。むしろ、多くの業務では必要なく、この部下から「腹落ち」や「納得」を獲得しようとする行動が、ロスタイム発生の要因となっていることは少なくありません。

なぜ、部下の「腹落ち」を獲得する必要がないのか。主に三つの理由があります。

部下には理解できないこともある

一つ目の理由は、部下は本質的に、上司の指示に腹落ちするための材料をもち合わせていないということです。腹落ちするということを、「指示の意味について本質を理解し、それに同意すること」と分解して定義し、解説します。

まず、「指示の意味について本質を理解する」ことが部下に可能かどうかです。本質というのは、この指示にどういう意図があって、実行することによってどのようなことをもたらすか、ということです。

そして、この本質を理解するために絶対に必要な要素があります。それは「実行」です。実行してみて初めて本質を理解できるのです。

スポーツの指導を受けたときに、このような経験をされた方も少なくないでしょう。例えば私がゴルフスクールに通ったときのことです。コーチに、

「ここを、このように意識して振ってみなさい」

と言われて、言われたときは、

「こんな窮屈な振り方、本当に大丈夫かな」

と思いました。そして、実際、振ってみてもなかなかうまくいきませんでした。しかし何週か通い、何度もその振り方で振っていくうちに、うまくいくようになりました。そして、そのときにコーチの指示の本質を理解できたような気がしました。

スポーツ以外でも、営業の指導を受けたときに同じような経験をしました。

当時の上司に、

「君は語尾が緩くなるから、もっと断定するように」

と言われました。当時は営業経験も少なく、自分の発言に自信をもてていなかったので、私が営業しているときの語尾は「〇〇だと思います」とか、「〇〇ということもあり

ます」など、断定することから逃げていました。

今思うと、断定しないということは、責任を取りたくないということの表れです。そのような営業マンからお客さまが商品を購入しないだろうということは容易に理解できるのですが、当時は理解ができませんでした。

「そんなに断定してしまって、あとからクレームになったらどうするんだ」

「お客さまをだますようなことをしたくない」

と、まったく上司の指導が腹落ちしていない状態でした。しかし、うまくいっていなかったのも事実ですので、まずはやってみることにしました。

すると、これまで決まっていなかった商談が、うまくいくようになったのです。

「安藤さんのことを信じてみよう」

「よろしくお願いしますよ」

「なるほど、こういうことか」と、そのとき初めて、上司の指示の本質を理解することができました。そして、断定するということは、嘘をついたり見栄を張ったりするものでもないということも同時に理解できました。お客さまに対して、しっかりと情報をお伝えしたうえで、やってみないとわからない不確定な要素を、最後は自分が何とかしますと「覚悟」を示すことなのだと理解できたのです。

この発見は、私の営業人生において、非常に大きなものとなっています。あのとき上司の指示が「腹落ちしない」と実行していなければ、この発見に出会えていなかった。そう思うとゾッとします。


このように、本質を理解するうえでは、必ず実行することが必要になるのです。部下がこれまでに多くのことを実行してきているのであれば、上司の指示の本質を即座に理解することも可能でしょう。また、上司が少し説明するだけで、本質にたどりつくこともできるのかもしれません。

しかし、まったく「実行」したことのない事柄について、上司の指示や説明だけで部下が本質を理解することは不可能なのです。

上司と部下の関係性において、「同意」はまったく必要ない

二つ目の理由は、「腹落ち」とは指示の意味について「同意する」ということだからです。上司と部下の関係性において、この同意というのはまったく必要ありません。

上司はチームの勝利に責任を負っているからこそ、部下に指示をする権限をもっていま

す。ですから、チームの勝利に対して責任を負える立場にない部下に、上司の指示が正しいかどうかを判断する機能はありません。あるのは、部下にしか知り得ない事実、もしくは上司が見落としている可能性があり、チームの勝利に問題となりそうな事実を発見したときに、その事実情報を報告する機能だけです。

そして、その事実情報を上司に報告してもなお、上司が指示を変更しなければ、部下はそれに従わないといけません。これが、組織におけるそれぞれの責任、機能、役割、立場の違いなのです。

上司がすべての指示に対して部下の同意を求めるようになると、どうなるでしょうか。まず、部下が上司の指示に対して、同意しなければ実行しなくてよいと勘違いしてしまいます。

部下はたとえ上司の指示に同意できなくても、実行しなければいけない存在であり、同意できるかどうかを判断できない存在です。よって、すべての指示に対して部下の同意を取りつける作業は、組織にとってはロスタイム以外の何物でもありません。

そして、もう一つは、同意が上司の指揮命令者としての言い訳となることです。

「部下も腹落ち、同意したんだから、私の指示で失敗しても私だけの責任じゃない」

という認識をもってしまうということです。

上司は、責任者として自らの指揮、命令に責任をもたなければいけません。部下に同意を求めない代わりに、もし、部下が指示を遂行してうまくいかなかったら、すべての責任を上司が負わなければいけません。

しかし、部下に同意させることで、その責任を部下にお裾分けして半減させたような勘違いをしてしまうのです。

これでは、部下への指示に対する責任感が希薄になるとともに、質が下がることも避けられません。

「腹落ち」を求めず、やらせてみる

部下に腹落ちを求めてはいけないのであれば、どうすればよいのでしょうか。まず、やらせてみることです。上司は「実行してうまくいかなければ、すべて自分の責任だ」という認識をもって指示を出し、多少強引でも部下にやらせてみればいいのです。

なぜなら、実行したうえでうまくいかなくても、部下には責任はないからです。そして、実行しなければ、部下は本質を理解することができないからです。

できる課長は部下に「腹落ち」を求めてはいけません。部下に腹落ちを求めることで、スピードが大幅に落ちるばかりか、その行為自体が上司の言い訳になってしまうからです。実行の先にしか部下が本質的には理解できないことをしっかりと認識し、自らの指示に責任をもって、ときには強引にでも、部下にまずやらせてみることです。

この対応は正しい！

私の指示に部下が腹落ちしているかどうかは関係ありません。指示したからには、部下に強引にでもやらせます。やった結果うまくいかなくても、すべて私の責任ですしね。

07

できる課長は「ただの言い訳」を許さない

よくある誤解

「部下が指示した仕事に乗り気にならないときは、この仕事が自分の将来にどうつながっているのかをよく説明するようにしています」

「部下が頑張れるように、彼らのテンションが下がってきたら、決起会と称してランチ会を設定するようにしています」

「とにかく上司は部下に『頑張る理由』を用意する。頑張る理由を用意すれば、部下はさらに頑張ってくれるようになる」

社員が頑張るのは当然です。部下に頑張る理由を与える必要はありません。頑張る理由を与えてしまうと、頑張る理由がないと頑張れない社員になってしまうからです。上司には、頑張る理由を与えるより、もっと重要な仕事があります。

言い訳をさせない説明・行為のはずが、言い訳をつくってしまう

部下がやる気を失っているとき、思ったように動いてくれないとき、多くの上司がこのように考えてしまいます。

「どうやったら、頑張ってくれるかな」

「どうやったら、指示をちゃんと聞いてくれるだろうか」

そして、試行錯誤のなか、やる必要のないことをしてしまいます。例えば、「部下が自分に与えられた仕事に価値がないと思っているから、頑張ってくれないのではないか」と思い、この仕事にどれくらいの価値があるのかを説明しようとします。

「君に与えた仕事は、こうなってこうなることによって、会社に大きな利益を与えるキッカケになっているんだよ。そして、君の成長の糧になるのだから、頑張れ」

「は、はい」

この説明で頑張る部下も出てくるかもしれません。しかし、多くの場合、まったく意味がありません。なぜなら、これまでの経験も知識も違うなかで、部下は上司と同じようには未来のことをイメージできないからです。

意味がないどころか、逆効果である場合もあります。やらないための言い訳の材料を与えることになるからです。

「いや、やっぱり、この仕事が会社の利益になるように思えないな。もっと、別の方法がいい」

「そっち方向に成長したくないし」

こんな言い訳を頭のなかにイメージしてしまうのです。


また、上司は「仕事に対してのテンションが上がらないから、頑張ってくれないのだ」と思い、テンションを上げようとします。

「よし、今日は仕事を切り上げて決起会をしよう！」

それでテンションが保てるのは、よくて翌日の午前中まで。ひどい場合は、決起会にすら参加したくない部下も出てくるでしょう。

そして、いちばんやってはいけないのは、「上司である自分のことを好きになってくれたら、みんな頑張ってくれるんじゃないか」と思い、行動することです。本当にこれは最悪です。

行動を選択する基準の最優先が「部下に好かれること（上司が好きかどうか）」になってしまうと、評価者が逆転してしまうのです。

本来は、上司が部下を評価し、足りないことを指摘していかなければいけないのですが、部下が上司を評価するようになってしまうのです。

「こんな細かいことを言ったら、部下に嫌われるんじゃないか」

「厳しくしすぎると、部下からの人気が下がってしまう」

こんなことを思いながら、上司の役割を果たせるはずがありません。上司はさらに上の上司からも評価を獲得しなければいけないので、自分の上司と部下から違うことを求められて、板挟みになってしまうのです。

そして、ようやく部下からの人気を得て、好かれて、部下が言うことを聞いてくれるようになったと思ったら、部下はこのようなことを同僚の間で言い出します。

「最近、○○課長変わったよね。だから、ついて行きたくなくなっちゃうんだよな〜」

自分が頑張れない理由を、上司の言動のせいにするのです。こうなると部下は最強です。自分がテンション上がる指示を与えてくれる上司は「よい上司」、自分のテンションを下げる上司は「悪い上司」。そして、自分のテンションの上がり下がりの責任はすべて上司、となるのです。

こうなってしまっては取り返しがつきません。しかし、このようになってしまっている企業は少なくありません。

上司は部下の「ただの言い訳」を無視せよ！

部下に頑張る理由を与えてはいけないのであれば、どうすればよいか。それは、部下の「できない理由」、つまり「言い訳」をつぶすということに尽きます。

上司が求めることを明確に設定し、客観的事実でしか評価しないとなると、部下からは言い訳が出てくるようになります。

そして、その言い訳は二種類に分かれます。

・上司の指示を果たすうえで障害となりそうで、上司が気づいていない事実情報（第1章参照）
・ただの言い訳

です。

まず、上司が気づいていない事実情報に関しては、即座に対応するようにしましょう。

「今、他の仕事を抱えていまして、1日5時間は必要なため、3時間しか指示された内容に使うことができず、期限までの実施がむずかしいです」

という事実情報が上がってきたら、

「わかった。だったら、期限を1週間延ばすからやりきりなさい」と、新たに1週間の期限というような「権限」を与えるか、

「その3時間を使って期限内で実施しなさい」

とこちらの基準を明確に示し直すようにしましょう。

次は「ただの言い訳」に対する対処です。「ただの言い訳」とは次のようなものです。

①この仕事をやる意味がわかりません

部下の立場で仮に意味がわからなくても、上司や会社にとっては意味があるから指示をしているのです。部下は、この仕事に意味があるかどうかではなく、やらなければいけない立場にいるから、やらなくてはいけないのです。

②仕事が単調でテンションが上がりません

部下のテンションまで上司が気にする必要はありません。部下は給料を受け取り、それに対する有益性を発揮しなければいけない立場なので、テンションくらいはしっかりと自分でコントロールしてもらいましょう。

③上司が厳しすぎて、ついていけません

例えば、上司が暴力を振るうなどの明らかな社会ルールに反する行動を取っているなら話は別ですが、厳しいかどうかはあくまで部下の解釈です。そして、厳しいことは、上司の言うことを聞かない理由にはなりません。また、そもそも、部下という立場には上司を評価する機能はありません。

ただの言い訳について、いろいろと書きましたが、上司の指示を果たすうえで障害となりそうで、上司が気づいていない事実情報以外は、すべて、ただの言い訳です。そのただの言い訳への対処は、「無視」で結構です。前述したように、そこに対処するということは、部下のやらないための言い訳を認め、代わりの「頑張る理由」を与えることになるからです。

上司がただの言い訳を聞いてくれない、頑張る理由を与えてくれないとなると、初めは反発が起きます。そのとき、上司も元に戻りたくなりますが、ここは我慢です。すると、やがて変わり始める部下が出てきます。変わった部下は、変わっていない部下よりも成果を上げることになります。なぜなら、ただの言い訳を考えたり、愚痴ったりしている時間がなくなるからです。

ここまで来たら、あとは急激にスピードが上がります。変わって成果が上がった部下と変わらない部下を比較して、変わって成果が上がった部下に高い評価を与えれば、変わらない部下にも変化が起きるようになります。しっかりと成果を上げている同僚を見て、自分たちが言っていたことが「ただの言い訳」だったと気づくようになるからです。

ただの言い訳を無視すると、事実情報が上がるようになる

「上司はただの言い訳を無視する人だ」と部下が認識すると、事実情報も即座に上がってくるようになります。なぜなら、与えられた指示に対するただの言い訳が通用しないということは、その指示は絶対にやらなければいけないものだ、という認識になるからです。

ただの言い訳がなくなり、事実情報が実行前に上がってくるようになれば、その部下はとてもよい状態です。そして、このよい状態をキープできれば、間違いなく部下は成長し

ます。

部下の「ただの言い訳」を許してはいけません。それは、部下の成長を阻害する最大の要因だからです。ただの言い訳を許さず、事実情報が即座に上がってくる組織にしていきましょう。

この対応は正しい！

昔は部下の言い訳につきあっていましたけどね。そっちのほうが、部下が頑張ってくれると思っていましたから。でも、どんどん勘違いしていくだけでした。言い訳を許すことは結局、誰のためにもならないことに気づきました。

08

できる課長は適材適所という言葉をむやみに使わない

よくある誤解

「部下一人ひとりに特徴がありますから。その特徴を活かせるように適材適所を意識しています」

「部下が将来どうなりたいか、が会社でやってほしいことの延長線上にあることが、部下が力を発揮する必須条件と考えています」

「部下の特徴、やりたいことに合った仕事を与えることで、部下のやる気は高まり、生産性は上がる」

このような類いの話はよく耳にします。しかし、どう考えても矛盾していると言わざるを得ません。

とてもシンプルな話です。部下の特徴、やりたいことに合った仕事の総和で、本当にチームの目標を達成できるのかということです。

チームが勝つためには、必要な機能をリーダーが先に決定せよ

スポーツに例えればわかりやすいかもしれません。例えば野球です。

将来、投手として活躍したい子どもが9人集まったとします。もちろん、9人全員に投手をやらせることはできません。また、投手になれなかった子どもに、

「それぞれのポジションでも投手になるためのスキルを磨くことができるよ」と「将来やりたいこと」に無理矢理合わせる形でポジションを伝え、納得をしてもらおうとしたら、どうなるでしょうか。

まず子どもたちは、将来やりたいことである投手になるために必要なことを中心に、努力するようになるでしょう。それが各ポジションに必要なスキルかどうかは別問題です。

ところが、そんなことをしていては、チームが勝利するために必要なスキルが不足をしてしまいます。そのため、当然、監督やコーチは必要なスキルを身につけることを求めます。しかし、子どもたちはなかなか本気でやらないことになってしまいます。なぜなら、将来やりたいことである投手になるためにはならないからです。

このようなチーム運営をして、果たしてチームは強くなるでしょうか。なるはずがありません。

もちろん、抱える人材の特徴とあまりに差がある機能でチームを組み立ててしまうことは非現実的です。そのため、ある程度は適材適所を意識しないといけないことは否定しません。

しかし、必要な機能を決定する根拠は、チームが勝てるかどうか、チームが強くなれるかどうかでなければいけません。抱える人材の状態を把握し、必要な機能を設定したら、その機能が将来やりたいこととつながっていようがいまいが、やらなければチームは勝てないのです。

チームが勝つには、必要な機能をリーダーが先に決定をする必要があります。そして、メンバーがその機能を果たすことに全力を尽くし、それができたとき、チームは初めて勝利します。リーダーが、メンバーのやりたいことや特徴に合わせることを優先して必要な機能を決定していては、チームは勝利できません。

将来、投手になりたいかどうかは、その選手に求める役割を決める際にはまったく考慮すべき内容ではありません。そして、その選手のもつ特徴は、リーダーの求める機能に近いかどうかという観点でのみ考慮すべきです。

選手がもつ特徴が、求める機能に近ければ、選手がその機能を果たすことができるようになるまでの時間を短縮できます。

部下が「将来やりたいこと」を考慮する必要はない！

上司のやるべきことも一緒です。組織として目標を達成するため、会社から求められていることを達成するために、どういう役割が必要なのかを決定します。そして、その役割を一人ひとりの部下に、責任として設定していくのです。

当然、その役割を決定する根拠となるのは、「会社から組織に与えられた目標を、いかに達成できるか」ということだけです。部下の「将来やりたいこと」にいかにつながっているか、また部下の特徴を活かすことができるのかを考慮する必要はありません。

繰り返しになりますが、特徴を考慮するのは、求める役割を果たすまでのスピードが速そうかどうかという観点でのみです。

なぜ、多くの上司が部下の将来やりたいことと、求める役割を関連づけようとするのでしょうか。単純にそのほうが、部下が一生懸命に仕事をしてくれると思っていることもありますが、実は上司にとってもそのほうが好都合だからです。

上司は、組織の目標達成のために必要であれば、部下が嫌なことでも、部下にとってつらいことでもやらさなければいけません。その作業は、一人の人間としては決して気持ちのよいことではありません。

しかし、組織の目標を達成させるために、結果的にそれによって部下にも利益を与えるために、その作業は避けて通ることはできないのです。

ここで好都合なのが、部下の将来やりたいことと、求める役割の関連づけです。それは、部下が嫌なことやつらいことでも、頑張るための理由になるからです。つまり、この理由を用意することで、一人の人間として決して気持ちのよいことではない作業から逃げることができるのです。

部下は、「将来やりたいこと」をおおいにもつべし！

部下の「将来やりたいこと」と求める役割の関連づけをするような組織は、目標を達成し続けることはありません。前述のように、組織では必要な役割は先に決まっており、部下の将来やりたいこととどうつながっているかとは、本来、無関係だからです。

そして、部下の将来やりたいことと求める役割の関連づけをする作業は、何も産み出しません。組織の大きなロスタイムとなります。

さらに、部下が将来やりたいことと関連しないことは頑張らなくてよい、と勘違いを起こすようになってしまったら、もう最悪です。すべての業務に対して、将来やりたいことの関連があるようにすることを、部下の権利と勘違いしてしまうのです。

ただし、私は部下が将来やりたいことをもってはいけないと言っているわけではありません。おおいにもてばよいと思います。

しかし、それに近づくために、上司が求める役割を変えてくれるという錯覚を起こしてはいけないのです。あくまでも、部下は上司から与えられた役割を果たすなかで、将来やりたいことに近づこうと考えなければいけないのです。

できる上司は適材適所という言葉をむやみに使ってはいけません。組織には先に必要な役割があり、それぞれの部下がその役割を果たすことができて、初めて勝利に近づくからです。

部下がもっている特徴や将来やりたいことで必要な役割を決めるというのは、順番が違います。適材適所という言葉をむやみに使うと、部下に自分の特徴や将来やりたいことに上司が合わせてくれる、という勘違いを起こしてしまう可能性があるということを忘れないようにしましょう。

この対応は正しい！

以前は一人ひとりにヒアリングして、その人に合った役割をできるだけ用意するようにしていました。足りない部分は自分で埋めればいいと思っていましたから。でも、それではやはり限界があります。順番が逆でした。

Chapter 4

できる課長の上司との接し方

01

できる課長は、上司からの評価をあきらめない

よくある誤解

「上司からの評価は気にしないようにしています。チームのメンバーのために頑張っています」

「私と上司は考え方がちがいますからね。そこはあきらめて、とにかくお客さまから評価されることに集中しています」

「お客さまのためになり、部下が気持ちよく働くことができるのであれば、自分の上司からの評価は下がってもよい。そうすれば、結果的によい成果につながる」

部下のために、自分の評価を犠牲にしてもよいという、一見、美談にも聞こえる表現ですが、この対応では結果的に誰も幸せになりません。

私も長く中間管理職の経験をしてきました。そして、この例と同じような考え方をもって働いていました。

常に営業の最前線で仕事をしていましたので、お客さまが何を求めているのか、どうすれば評価を得ることができるのかは、よく理解できていたと思います。そして、お客さまのために必死でやっていましたので、お客さまからも信頼されていたのだと思います。お陰さまで、売上は順調に伸びていました。

そして、今、思い返すと問題は多いのですが、メンバーからの私に対する信頼も厚く、チームも私を中心にまとまっていたように思います。

しかし、一つだけ問題がありました。私が、上層部と考え方が合わなかったということです。お客さまに対する営業方針やメンバーの育成方針にズレがあったのです。細く挙げるとキリがないほどのズレです。

そこで私が取った方法は、今考えるとよろしくないのですが、「上層部からの評価をあきらめる」という方法でした。厳密に言うと、お客さまからの評価が高まり、売上、利益が上がれば、評価なんてあとからついてくるだろうというように考えました。そして、上司に私の考えと違うことを言われたら、〝やってる風〟を演じて、できるかぎり自分の思うやり方で進めていったのです。

その結果どうなったか。もちろん、ほかにもいろいろな要因があったのは事実ですが、数年経って会社を辞めることになってしまったのです。

自分は会社のトップではないことを、しっかりと自覚できていなかった

それでは、どうして私は辞めることになったのか。何が悪かったのか。これは、課長であるうえで、あたり前ですが最も重要な要素です。すなわち、「自分は会社のトップではないとしっかりと自覚すること」ができていなかったのです。

会社のトップではないとはどういうことか、それは「市場（お客さま）からの評価」＝「自分の評価」ではないということです。第1章にも書きましたが、会社という組織にいる以上、自分の評価を決めるのはあくまでも上司であり、その事実は、その組織にいることを選択した以上は、自分がどのように思おうが避けることができません。

しかし、かつての私のように数人、数十人の部下をもち、市場（お客さま）との接点を

多くもつ課長は、ときに勘違いをしてしまうのです。

「市場（お客さま）からの評価こそが自分の評価だ。そして、市場（お客さま）からの評価を得ることができれば、自分のチームのメンバーも幸せにできる」

この勘違いは、昔の私をはじめ、多くの課長がもってしまうものです。そして、「お客さまのため、自分のチームのメンバーのために、俺が上層部と闘う」と、間違った方向にベクトルを向けてしまうのです。

上層部と闘うという上司から、部下とお客さまは離れていく

「上層部と闘う思考」をもった課長は、当然、継続的に高い評価を維持することはできません。では、そのとき、自分を犠牲にしてまで守ろうとしたお客さまや自分のチームメンバーはどうなるでしょうか。

①お客さまは不満をもつようになる

お客さまのために自分がよいと思うことをやろうとしても、それができるのは会社が規定したルールのなかでのことです。上層部の反対を押し切って、強引に、ルール外の対応をお客さまにして、一時的にお客さまから評価を得ることができたとしても、それを継続

することはできません。なぜなら、当然ですが、その課長もあくまでも会社の一員ですから、ルール外の対応が未来永劫にわたって許され続けることはないからです。

すると結果的に、お客さまから見たサービスレベルは下がりますから、お客さまは不満をもつようになります。しかし、そのときにはもう打つ手はありません。お客さまによかれと思って取った行動が、結果的にお客さまの不満を生み出してしまうのです。

②課長はもちろん、部下の評価も一緒に下げる

そして、次に自分のチームメンバーである部下です。

部下の会社からの評価はどのように決定するか。それは、「○○チームの▲▲」というように、どうしてもチームの印象もセットで評価されることになります。そして、会社の収益から分配される対価、つまり給料や賞与の決定は、その評価をもとにされることになります。

上層部と闘う思考をもった課長の評価は、当然下がることになります。すると、そのチームの一員であるメンバーの評価も連動して下がることになるのです。

その結果、分配される対価も減ってしまいます。チームメンバーの幸せのために上層部と闘うことを選択したはずなのに、対価を減らすという結果で部下を不幸にしてしまうの

です。

会社のルール下にあっても、イエスマンにならない方法

ここまでの内容をお読みいただくと、課長は上司に何でも従う「イエスマン」になれということか、と思われるかもしれません。

何も考えずに、ただ「イエスマンになるべき」と言っているのではありません。しかし、会社という組織である以上、「何が正しいか」「何を評価するか」というルールを決定するのはあくまでも上司です。このルールの下にいることを認識したうえで、イエスマンにならず、自分が正しいと思うことを実行するにはどうしたらいいのでしょうか。

それは、ルールを変えてもらうしかありません。自分が「これが正しい」と判断した事実情報をかき集めて、上司に上げて、ルールを変えてもらうように働きかけるしかありません。もし、仮にそれでもルールが変わらないのであれば、その組織にいる以上、それに従うしかありません。ルールを無視した課長の行動は、結果的にお客さまや部下にはプラスにならないのです。

サラリーマンのときの私が取るべき行動は、〝やってる風〟を演じて、できるかぎり自分の思うどおりに進めていくことではなく、事実情報を上げて、ルールの変更を働きかけ

る動きをすることでした。
できる課長は上司からの評価をあきらめてはいけないのです。課長の評価が下がれば、その部下の評価も連動して下がります。そして、上司の評価を無視してお客さまのために取った行動は長続きせず、結果的にお客さまに迷惑をかけてしまいます。
市場と向き合ってすべてのルールを決定できるトップではなく、会社のルールのなかで対応していく立場であることを、決して忘れてはいけません。

この対応は正しい！

自分は上司からの評価が低くなったとしても、お客さまや部下を守ればよいって思っていました。でも、私が組織の一員である以上、それは無理だと気づきました。しっかり上司の評価を獲得しながら、お客さまや部下にもプラスになるようにしていきます。

02

できる課長は部長の威を借りない

よくある誤解

「組織を締めるときは、部長に出てきてもらってガツンと言ってもらうようにしています」

「部長が厳しくしていただいている分、自分は部下にとって少し息抜きができる場所になれるようにしています」

「部長の力をうまく借りて組織運営する。そうすることで、効率的に運営でき、自分の特長も出していける」

そうすれば、確かに組織運営で問題はあまり生じないように見えるでしょう。しかし、常に部長の力を借りないと組織運営できない課長は、残念ながら「できる課長」とは言えません。なぜなら、部長に本来使う必要がない時間を使わせているからです。

「トラの威を借るキツネ」では部下を管理できない

「部長の威を借りる」とは、具体的にはどんな言動・状態かを見ていきましょう。

①部下が言うことを聞かなかったときには、代わりに部長に注意してもらう

部長には、次のように依頼します。

「私が言ってもなかなか素直に聞こうとしません。お手数ですが、一度ガツンと言っていただけないでしょうか」

そして、うまくいくと、

「やはり部長から言っていただくと違います。部下の取り組み姿勢が変わりました」

と部長に伝えます。そう言われると、部長も悪い気はしません。

②部長の発言を、そのまま伝言ゲームのように部下に伝える

いつも、部長が言っていることを、自分の意思を加えずに伝言ゲームのように伝えます。こうすることで、課長は自分に責任がないように認識できるからです。

そして、伝言ゲームではない指示のときは、最後にこう加えます。

「部長もこのように言っていた」

まさに、「虎の威を借る狐」状態です。このような課長を見て、部下はどう思うでしょうか。表向きは素直に課長の指示を聞いているような部下でも「あの課長、部長がいないと何もできないよな」と思うに違いありません。

このような状態になってしまっている課長が、その状態を脱却するのは簡単ではありません。しかし、脱却できなければ「できる課長」とは言えませんし、次のステップである部長になるのもむずかしいでしょう。

部下の評価はまったく気にしない

では、どうすれば部長の力を借りずに組織を運営していけるようになるのでしょうか。

第一ステップは、「部下の評価を気にしない」ことです。

多くの場合、課長が部長の威を借りる理由は、自分の力で部下を指示に従わせる自信がないからです。そして、それは、あまり強く言うと部下にそっぽを向かれるんじゃないかと「部下の評価を気にする」ことからきています。

部下の評価が気になるから、意思をもって断定して指示することができない。そうすると、部下は課長の指示に従いません。指示に従わない部下を見て、さらに部下の評価が気になるという悪循環に陥り、自分の力で部下を指示に従わせる自信を失っていくのです。

前述したように、部下の評価を気にする必要はありません。そして、評価を気にせずに、リーダーとして意思をもって決断し、断定した指示をするようにしましょう。これが部長の威を借りる状態から脱却する第一歩です。

第二ステップでは部長にも協力してもらう

次のステップは、部長に自分の部下とのコミュニケーションを絶ってもらうことです。これは、これまで部長の威を借りていた課長からすると、かなりのチャレンジになりますが、このステップは避けて通ることはできません。

なぜなら、部下から見て課長と部長の二人の上司がいるときに、どうしても部長のほうに視線が集まってしまうからです。そして、部下は課長も同じ「部長の部下同士」という並列の感覚をもってしまうのです。部長の部下同士という並列の感覚をもってしまっては、課長が上司として部下に接することはむずかしくなってしまいます。

部長の威は借りられなくなりますが、思い切って、部長には部下とのコミュニケーションを絶ってもらいましょう。しかし、簡単に絶ってもらうことはできません。なぜなら、部長からすると、部下とのコミュニケーションありきでの組織運営だったわけですから、それがなくなって課長に託すことになると、不安になるのは致し方ないからです。

部長に部下とのコミュニケーションを絶ってもらうには、代わりに約束が必要です。

「いつまでに、この業績を達成しますので、それまでは私に任せていただけないでしょうか。日々の報告と週の報告はこのようにします」

など、期限を明確にした形での業績と報告方法の約束をするのです。そして、必ず約束した業績を達成するという覚悟をもって組織運営に臨まなくてはいけません。約束に対して本気であることが伝われば、部長も了承をしてくれるはずです。

課長に任せたことを、部長からも部下に伝えてもらう

部長の了承が取れれば、部長に次のことも依頼します。

「これまでの流れで、部下が直接、部長に相談して来たときには、『課長に任せているから、課長に聞きなさい』と言ってください」

ここまでできれば、準備としては完璧です。あとは、しっかりとやりきるだけです。

自らに与えられた責任や権限の範囲内であれば、部長に確認することなく即座に決断します。その決断は、部下からの評価を気にせずに、自らの責任を果たすうえで正しいかどうかで判断するようにしなければいけません。

部長と部下の直接のコミュニケーションルートを断ち、そして、課長がこれまでしなかった決断を繰り返していけば、部下は課長を上司だと認識するようになります。そして、部長の威を借りることをしなくても、部下は課長の指示を聞くようになってくるはずです。部下にとって課長がたった一人の上司であり、この組織で生きていくには、課長の指示に従わないといけないということを、正しく認識するようになってくるからです。

部長の威を借りずに、組織をコントロールできるようになって、初めて一人前の課長になったと言えます。部長の存在なしに、部下をコントロールできなかったということは、そのときに果たしていた機能は、課長の機能ではなく、ただの伝言屋としての機能だったということです。

できる課長は部長の威を借りません。部長の威を借りないと組織が運営できないということは、課長の役割を果たせていないということです。部長に部下とのコミュニケーションルートを絶ってもらうことを依頼してでも、部下に課長が上司であることを認識させ、責任をもって決断していかなければいけません。

部長の威を借りずに組織運営ができるようになって初めて、課長は課長の役割を果たすための第一歩を踏み出せるのです。

この対応は正しい！

初めはかなり勇気が必要でしたけど、気づいたんです。このままだったら、自分はいなくてもいいんじゃないかって。今では、部長の助けなしにでも組織を運営できるようになってきたと思います。

03

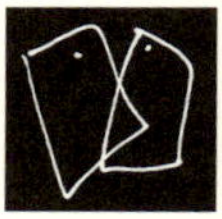

できる課長は上司と競わない

よくある誤解

「上司からチームを任せられている以上、しっかりと自分の色を出していこうと思います」

「上司にはできないチームづくりを、自分だったらできると思ってやっています」

「上司から信頼されて、チームを任せられるようになった。チームの責任者として上司とは違った組織運営をしていく。そうすることで部下からの信頼も増すに違いない」

上司と違った組織運営をしていくこと自体は悪いことではありません。しかし、決して上司と競ってはいけません。

プレーヤーとして高い成果を残していた人、ずっと高い評価を得ていた人が管理職になると、こうなってしまう傾向があります。ずっと、上司からもチヤホヤされてきて、同じ役割であるプレーヤーのなかでも一目置かれる存在であった状態から、リーダー職に抜擢されたようなときには、とくに注意が必要です。

部下から求心力を獲得できる最も簡単な方法

もともとプレーヤーとして同列だった同僚、先輩の上司になるのですから、そんなに簡単なことではありません。その困難を乗り越えて、新たに部下になったメンバーからの求心力を獲得しようとしたとき、その課長はいちばん簡単な方法を取ってしまいがちです。

それは、上司を「敵」と設定することです。新任で課長になったときに、部長を敵だと設定するのです。

「部長はあんな風に言ってるけど、部長は現場のことわかっていないだけだから、俺がうまいこと報告しておいてあげるよ」
「部長はほんとにわかってないよな。俺だったら、あんな判断しないけどな」
上に立つ人間は、部下にとっては理不尽で意味がないと思うことであっても、やらなければいけないときがあります。それは、部下や組織の未来に責任がある立場だからです。また、会社組織である以上、上から求められていることに応えないといけない責任があるからです。

このような前提に立ったとき、部長からの指示は、部下にとって決して心地よいものばかりであるはずがありません。逆に心地よいものばかりであってはいけないとも言えます。少なからず、部下が不満や不安をもってしまうことは避けられないのです。そして、部長を敵に回し、その不満や不安を解消する「よい上司」になるのが、課長が求心力を得るいちばん手っ取り早い方法なのです。

「部長は敵だけど、よい上司である課長は、自分たちの味方だ。だから、課長についていこう」――この図式です。そして、この図式によって、求心力を得ることに成功した課長は、さらに確固たる状態をつくりにいきます。それは「部長と競う」ということです。

もちろん同列の立場ではないので、仕組上、競うことはできません。そのため、どういう方法を取るかというと、「部長のやり方を否定して成果を残す」という方法です。「部長と違う方法で成果を残すことができたら、自分は部長より優秀だ」という考え方です。

トッププレーヤーとしての驕りが続く

冒頭、「上司からもチヤホヤされてきて、同じ役割であるプレーヤーのなかで一目置かれる存在であった状態から抜擢された課長は、とくに注意が必要だ」と書きました。その理由の一つは、「同じ役割であるプレーヤーのなかで一目置かれる存在であった」ために、彼らを部下にもったときに、かっこ悪いところ、失敗するところを見せられないという思考を強くもちすぎて、人気取りに走ってしまうからです。そして、もう一つの理由は「上司からもチヤホヤされて」きた存在だからです。

いわゆる、エース的存在です。あまり大きくはない会社だとしたら、社長からもチヤホヤされているような存在かもしれません。

このような存在は、役職が変わったとしても、直属の上司からすると指摘することを躊躇してしまいます。部長のやり方を否定して成果を残すような方法を取っていることが目についたとしても、部長はすぐに指摘できません。なぜなら、これまでチヤホヤしていた部長の上司や社長に、何を言われるかわからないからです。そして、この課長は、管理職になってしばらくの間、管理されることなく自由にやることが許されてしまいます。

しかし、残念ながらこのような課長の下ではチームがうまくいく可能性は限りなく低くなります。部下の人気を取りにいっているため厳しいことを言えないからです。そして何より、方法を選択する根拠の第一優先が「部長のやり方否定」になっており、成果を残すことになっていないからです。

さらに、致命的なことは、課長の評価は部長が行うということです。必死で競おうとしていた相手に評価されるのですから、こんなに勝ち目のない勝負はありません。

これまでチヤホヤしてくれていた部長の上の上司や社長も、チヤホヤしていたのはあくまでもよい成果を残していたからです。成果を残すことができなくなれば、結果を見て、「課長としてはまだまだだな」という評価を下すのです。

いったんは自分の評価が下がることを、甘受しないといけない

ここで、課長は初めての経験をすることになります。それは、「低い評価を受ける」という経験です。これまでプレーヤーとして高い評価を受けてきたのに、「ダメな課長」という評価を受けるのです。

ここで、改めることができればよいのですが、真逆の方向にいってしまう人が多いように思います。「唯一の味方」である部下からの評価を獲得しにいくのです。その方法は、

これまでの上司を敵として設定する方法をさらに加速させるというものです。

部長からも、会社からも評価されていない方法をさらに加速させるのですから、残念ながら、そのことによって評価が改善されることはありません。部下からの評価は高まる可能性はありますが、それも長続きしません。なぜなら、「負けチーム」にいる部下も評価が下がり、上司である課長に疑問や不満をもつようになるからです。

課長は、あくまでも部長に求められていることをチームで達成するための責任者、管理者です。部長と競うことはできませんし、しようとしてはいけません。

そして、課長は当然ですが管理職です。管理職というのは、プレーヤーとは求められることがまったく違います。ですから、プレーヤーとしてどれだけ優秀だったとしても、「まったく違うことを求められている」ことを理解しないと、決してうまくいきません。

部長と競って、部長を否定して人気を取るさまは、「先生のやり方を否定して人気者になる小学生」や「先輩の練習にケチをつけて同級生のなかでリーダー的存在になる高校生」と何ら変わりません。同列の人間が、周りからの人気や求心力を安易に獲得する方法です。課長は管理職であり組織のリーダーですから、同列のなかで人気者になるような方法を取ってはいけないのです。上に立つ人間として、ときには部下が厳しく感じるようなことでもしっかりと言って、部下や組織を成長させ、勝利に導く。そして、結果的に「この人の下でよかった」と思われるのが正しい姿です。

できる課長は上司と競ってはいけません。そもそも、競える立場ではありません。部下からの求心力がほしいのであれば、しっかりと課長の役割を果たし、部下やチームを成長や勝利に導くという結果を残すことに集中しなければいけません。間違えても、「部長よりよい上司」として人気を取りにいくことはしないようにしなければいけません。

この対応は正しい！

初めて管理職になって、同じ管理職である部長にライバル意識をもっていました。ライバルになれるわけないのに。部長より人気者になりたいとだけ思って、課長の役割を見失っていたと思います。

04

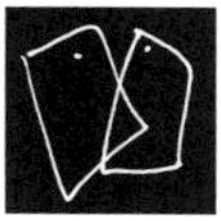

できる課長は言い訳に部下を使わない

よくある誤解

「部下のレベルが低くて、そのうえ成長しなくて困っています」

「私の課は、私一人で支えられているというようにみんなから言われています」

「部下のレベルは低いが、自分の力で課を何とか運営している。メンバーに恵まれないなかで、それでもやっている自分は頑張っている」

こんな発言を課長や部長から聞くことはよくあります。そのような発言をする課長や部長は、大切なことを忘れています。そのレベルが低い部下を育成するのも、あなたの責任だということです。

ある会社のA課長と、別の会社に勤めるB課長の対応

ある会社のA課長と会話をすると、

「うちの部下はレベルが低くて本当に大変ですよ。こんな取るに足りないこともできないんですよ！」

「本当にうちの部下は馬鹿ばっかりなんですよね」

と、部下に対する低い評価を恥ずかしげもなく話していました。

一方、違う会社のB課長は、

「うちの部下はまだまだ足りないところがあるんですけど、素直ですからね。ご迷惑をおかけすることもあるかもしれませんが、よろしくお願いしますね」

「うちの部下は深く考えるのは苦手ですが、突破力はありますからね。そこはどこにも負

けていないと思います」

と、まだ足りない部分があることは認めつつも、よいところがあるという話をしていました。

外部の私から見たときに、双方の部下に大きなレベルの差を感じていたかというと、決してそんなことはありませんでした。むしろ、A課長の部下のほうが、経験もあって戦力になるのではないかと思ったくらいです。

課長の評価は課長個人ではなくチームに対して行われる

この二人の管理職の決定的な違いは何でしょうか。それは、チームの責任者である自分の評価は、「個人ではなく部下を含めたチーム全体にされる」ということを正しく理解できているかどうかの差です。

残念ながら、私はA課長よりB課長を信頼しておつきあいしようと思います。自分の置かれている立場を理解していないような発言を聞くと、その人を信頼するのはむずかしくなってしまうからです。

この評価のあり方は、会社内でも同様です。課長に対する評価は、課長個人としてより、組織がどのような状態かということで決まるのです。このことを理解したうえで、上司と接しなければいけません。部下の不出来を人ごとのように話す課長は、部長やさらに上の幹部からの信頼を得ることはできません。

そもそも、組織の責任者は部下を育成していくための権限をもっているはずです。その権限をもっているにもかかわらず、部下のレベルが低いことを他人事のように言うのは無責任極まりない発言でしょう。

部下育成の責任を負っている以上、育っていない部下がいるのであれば、それは自分の力不足であると言わざるを得ません。

採用や配属は自由にできなくても、育てる責任はある

ただ一つ、権限としてもっていない場合が多いことがあります。それは、採用や配属の権限です。つまり、自分が選択していない人物が部下になるということです。

私も管理職時代には、「俺が採用したんじゃないし」「何で、こんな人を採用したんだろう」と思うことがありました。これが言い訳の材料になって、冒頭のA部長のような発言になってしまうのでしょう。

しかし、課長をはじめ管理職の役割は、自からの下に配属された部下を育成し、戦力にしていくことです。どんな部下が配属されようが、その戦力で目標を達成することが課長

の責任なのです。

確かに、会社として採用を明らかに失敗しているパターンがあることもあるでしょう。しかし、課長は採用を失敗・成功と評価できる立場にないことを理解しないといけません。あくまでも「配属された部下を育成し、戦力にしていく」というのが課長の責任なのです。

うまくいかない要因が「採用の失敗」かどうかは、課長の上司が判断します。その判断が下るまでは「採用の失敗」を言い訳にしてはいけません。

会議の席でも要注意！

自分の立場をちゃんと理解できている課長かどうかは、会議のときの姿勢にも表れます。具体的に見てみましょう、部下と部長が参加している会議で、部長から指摘を受けたときです。

「部下Cは全然だめじゃないか」

そういう部長の発言に対して、

「申し訳ありません。今週、Cに関してはここを修正して取り組むようにいたします」

と発言をするのか、

「C、お前、本当にダメだな。どうするつもりだよ」と、部長側に立って発言をするのかで、立場の理解に差があることは明らかです。

前者の課長は、部下の不出来を自責と捉えることができています。後者の課長は、部下の不出来は自分の責任ではなく、部下単独の責任だと認識しています。

そして、後者のような発言をする課長は、部長からの評価が下がるのはもちろんのこと、部下からの信頼度も下がることになってしまいます。また、実際その事態への対策がなされないまま進行するので、改善もしないのです。課長たる者はいつでも、自分より上の立場の人やお客さまからの部下への指摘や指導は、自分に返ってくると認識しなければならないのです。

うまくいかないことを部下のせいにして、部下を言い訳にして、よいことは一つもありません。

部下がうまくいかないこと、成長しないこと、失敗のすべては自分に責任があると思わなければいけません。

そして、何が足りないのかをしっかりと見極めて、不足を部下に伝え、次どこに向かうのかを示すのが上司の役割です。部下を言い訳にして、自分だけ逃げるのが上司の役割ではありません。

できる課長は言い訳に部下を使いません。誰も得しないことを知っているからです。部下の至らぬ点も自責と認識し、改善していける課長の下でこそ、部下は成長し、組織は強くなるのです。

この対応は正しい！

部下のスキル、能力を言い訳にすることは恥ずかしいことだなと今は思います。正直、育成するのがむずかしいと思う部下もいますが、与えられた戦力で成果を残すのが私の仕事です。

05

できる課長は、上司が「決めないこと」「変わること」を言い訳にしない

よくある誤解

「私の上司はこちらが決めてほしいことを決めてくれません。そのため、業務が停滞してしまいます」

「私の上司は方針がコロコロ変わるんですよ。これでは、部下が迷ってしまいますよ」

「上司が決めてくれないから、上司の方針がコロコロ変わるから、自分のチーム運営がうまくいかない。上司が決めてくれて首尾一貫していれば、うまくチーム運営ができる」

確かに、上司が「決めないこと」「変わること」は、課長がチーム運営をしていくうえで弊害になることは否定しません。しかし、課長に求められることは、「その上司」の下で成果を上げることなのです。

「決める」という行為を分解してみる

初めに、上司が「決めないこと」に対してどうしていくべきか、から解説をしていきます。まず、自分自身に置き換えて、「決める」という作業を分解してみましょう。

人生では、色々なシーンで決めるという作業をしています。例えば、どこの学校を受験するのかを決めたときは、まず、学校ごとの特徴、費用、また、合格に必要な偏差値などを調べる作業をしたのではないでしょうか。そして、次は自分と家族の資金面、必要な偏差値との差異と、それを埋めることができそうかなどを調べたのではないでしょうか。

これらが、決めるために必要な情報収集の作業にあたります。

しかし、残念ながらほとんどの事柄においては、情報収集だけでは決めることはできません。なぜなら、不確定要素が残るからです。

「本当に、必要な偏差値になるまで成績を伸ばすことができるのか」「今年はもっと合格ラインが上がるのではないか」「受験当日、体調不良になってしまうのではないか」など、挙げ出せばキリがないほど、不確定要素が残ります。そして、これらは決めなければいけない期限の段階では、解消されることはありません。つまり、不確定要素が残るなかで決めることを求められるのです。

そして、不確定要素が残るなかで決めるために必要な要素は何か。それは勇気や覚悟です。不安材料が残るなかでもチャレンジするという勇気、不確定要素があるけれども必ず成し遂げるという覚悟が、決めるという作業にはどうしても必要なのです。

私が大学を受験したときには行きたい大学があり、そのなかで私が得意な科目で受験できる学部を調べました。すると、一つの学部だけ私が得意な二科目と小論文で受験できることを発見しました。そして、必要な偏差値を調べたうえで、模擬試験を受けて自分の偏差値との差を確認しました。ここまでが、情報収集です。

情報収集の終了段階では、決めることは非常に困難な状況でした。なぜなら、必要な偏差値と自分の偏差値の差があまりに大きかったからです。受験までは半年を切っている時期でE判定です。偏差値の差を埋められるかどうかという大きな不確定要素がある状況で、決めることが必要でした。

私は、受験することを決めました。情報収集だけでは、絶対に決められないことを決めることができたのは、何が何でも合格するという覚悟をもてたからです。

課長は「決めない上司」に、決めるための材料を提供するしかない

このように、決めるには情報収集と勇気、覚悟が必要になってきます。

では、上司が決めないことを言い訳にしている課長は、何をしなければいけないか。上司に勇気や覚悟をもってもらうことではなさそうです。残念ながら、ここは、部下の立場からはコントロール不可能な領域だからです。

となると、できることはただ一つです。上司が決めるために必要な情報を上げ続けることです。決断に必要な材料を上司に渡し続けるのです。このことをやらずに、上司が決めないことを言い訳にするのは、課長のただの責任放棄です。決めない上司の下でできることは、上司が決められるだけの精度の高い情報をしっかりと上げ続けることだと、肝に銘じてください。

そして、決めない上司の下で最もやってはいけないのは「あきらめて自分で決める」こ

とです。本来、上司に決めてもらわなければいけない範囲を「自分で決める」と当然、責任を取ることができません。与えられた責任以上のことを勝手にしているからです。

どうしても決めない上司には、「決めない」ことを決めてもらう

決めない上司の下では、とにかく情報を上げ続けること。しかし、それでも決めない上司がいることもあるでしょう。そのときは、どうしたよいのか。「決めない」ということを決めてもらいましょう。

決めない上司の下で、勝手に決めることが問題になるのは、上司が、まだ決めていないという認識だからです。つまり、決めようと思っていたのに、部下が勝手に決めて、動いたという認識だということです。そこで、上司が決めないのであれば、どの範囲まで決めないのか、裏を返せばどの範囲まで自分が決めてよいかを決めてもらうようにするのです。そうすれば、上司の承認をもらったうえで課長が決めたわけですから、何の問題もありません。

そして、上司に決めない範囲を決めてもらうためにやるべきことは、やはりしっかりと情報を上げることです。「こういうことが起き、この部分で組織が止まっています。ですから、この部分は私が決めてよいでしょうか」と進めていきましょう。

コロコロ変わる上司への対応法

次に、コロコロ変わる上司の下ではどのように動いていくべきか、です。

そもそも「変わる」上司を言い訳にしている時点で、課長としては厳しいと言わざるを得ません。上司の指示、設定というのは課長がチーム運営していくうえでの前提条件です。つまり、課長とは上司の設定があったうえで、そのなかでいかにチーム運営し、成果を出すかを求められている存在だということです。

例えば、経営トップである社長は、市場がその設定を決定します。市場のニーズという設定のなかで、会社を運営し、成果を出すことを求められる。これが社長の役割です。もちろん、社長は市場のニーズが変わることを言い訳にできません。

「売上が減ったのは、市場のニーズが大きく変わったからです」と社長がコメントして、それは、仕方がないですね、というステークホルダーはいないでしょう。

なぜなら、市場の設定は前提であり、市場の変化を読み取って舵を取るのが社長の仕事であり、役割だからです。

同様に、「目標未達成だったのは、上司の指示がコロコロ変わったからです」というコメントも通用しません。上司の設定は、課長がチーム運営をしていくうえでの前提だからです。

しかも、課長は社長と比較すると断然恵まれた環境にあります。それは「設定を確認すれば教えてくれる人がいる」からです。社長が組織運営をするうえでの前提条件である市場のニーズは、当然ですが誰も教えてくれません。しかし、課長がチーム運営をするうえでの前提である上司の設定は、上司に確認すれば教えてくれるのです。

「聞けば教えてくれる前提条件」である上司の設定について、聞くことを怠り、上司がコロコロ変わることを言い訳にする課長は、ただの職務怠慢であると言わざるを得ません。

変わった設定をいち早く確認し、動く

世の中は常に変わっています。そして、その変化のなかで会社が運営されている以上、社長も変わらざるを得ません。むしろ変わらない社長の会社は負けていくことになってしまいます。そして、社長の決定や設定が変わる以上、その下の上司の決定や設定も連動して変わることは当然のことなのです。

課長がやるべきことは、上司がコロコロ変わることを、部下と一緒に嘆くことではありません。変わった設定を、いち早く確認し、そのなかでどうすればチームが成果を残せるかを考え、動くことなのです。

できる課長は上司が決めないこと、変わることを言い訳にしません。決めない上司に決めてもらうことも課長の重要な役割であり、変わる上司の下で変化に対応して成果を残すことが求められているからです。

そして、上司が決めないこと、変わることを言い訳にする課長の下では、チームのメンバーもろとも評価が下がってしまうことも、しっかりと理解しなければいけません。

この対応は正しい！

上司が決めてくれないとか、コロコロ変わるとかを言い訳にしている課長の下で働く部下は不幸ですよね。その状況でも部下を迷わさないためにはどうすべきか、ということを考えて行動できるようになりました。

Chapter 5

できる課長の出世方法

01 △

できる課長は経営者のつもりで考えない

よくある誤解 ×

「常に経営目線で物事を判断することを心がけています」

「僕が社長だったらどうするか、という視点で判断をするようにしています」

「経営目線で考えることができる人が上からも評価され、出世できる人だと思っている。だから、課長としてではなく、社長のつもりで考えるようにしている」

「経営者のつもりで考える」ことこそが自分が出世し、会社の経営陣になるための最短ルートである、と思っている課長の皆さん、それは残念ながら違います。

理由は簡単です。課長は課長です。経営者でもないのに経営者と同じ視点で考えることは不可能なのです。

私は、課長の立場から取締役に出世した経験もあれば、自分の会社でどの部下を出世させるかを決定した経験もあります。そして、数百社の経営者の方と組織運営について話を重ね、最終的にどんな人物を出世させればうまくいくかについても見てきました。

この章で紹介する出世方法とは真逆のことをやって、出世できることもあるでしょう。例えば、経営者のつもりで考えた発言が社長に気に入られ、出世することもあります。

しかし、それは長続きしません。会社の成長にとって有益な存在から出世させるようにしなければ、会社が競争に勝ち続け、継続することは不可能だからです。

そこで、この章では、出世のため（会社の成長にとって有益な存在になるため）によかれと思って行うと、実は会社の成長にマイナスとなり、また、課長が出世し続けることを妨げてしまう言動を紹介していきます。

繰り返しになりますが、この章で紹介する出世とは「会社にとって有益な存在になること」以外にありません。上司に媚を売って、出世を勝ち取りましょうというような、本質とは離れた方法ではないことをつけ加えさせていただきます。

なぜ、経営者のつもりで考える課長が出世できないのか

なぜ、経営者のつもりで考える課長は出世がむずかしいのかを解説していきましょう。

私は経営者のつもりで考えずに順調に出世した経験もあれば、経営者のつもりで考えすぎて出世が止まった経験もあります。そして、そのときの私を今の経営トップという立場から見たときに、恐らく同じような判断をしたのではないかと思っています。

まず、経営者のつもりで考えずに順調に出世した経験です。当時の私は早く出世したいという願望はあったものの、自分が社長だったら、とはまったく考えていませんでした。

では、どのように仕事に取り組んでいたのか。ただ、自分の与えられた役割のなかでよい成果を残すことにだけ集中していました。与えられたミッション、目標を達成することに集中していたのです。「自分が経営者だったら、違うミッションを与えるかも」などと

は考えず、設定された目標の達成に向けて迷わず進んでいました。課長である私が迷わず目標達成に向けて進んでいるのですから、部下にも迷いは少なかったように思います。

迷わずに集中して業務に取り組むと、途中、失敗や成功を繰り返しながらも着実に成果を上げることができます。

そして、「ただ、目標を達成するだけではなく、150パーセント、200パーセントで目標を達成する方法を考えよう。ただ、チームを立ち上げるというミッションを果たすだけではなく、このチームを業界ナンバー1に早く育てるにはどうしたよいかを考えよう」と行動しました。

自らに与えられた目標やミッションの達成に集中し、上司や経営陣から求められている役割を果たすことに集中しているなかで、その延長線上でのプラスαを実現するにはどうすればよいのかを考え、実行するようになってきたのです。自分の考えるプラスαは、当時の上司や経営陣が求めることでもありました。

経営者の立場からすると、このような課長の存在はかなり有益です。自分の設定したイメージを超えて、しかも、自分が求めていることの延長線上で高い成果を残してくれるのですから。当時の私も、かなり順調に出世をすることができました。

「求められたことに対するプラスα」と「つもりで考える」の違い

しかし、ここで大きな勘違いをしてしまったのです。私は「経営者から求められたことに対するプラスα」を理解できただけなのに、「経営者のつもりで考える」ことができたのだと勘違いしてしまったのです。

この二つは似てまったく非なるものです。前者は下から上の人がどのような目線をもっているかを想像、理解しようとすること、後者は上の人の立場からの目線をもっていると勘違いすることなのです。

経営者のつもりで考えることが重要だと考えるようになった私は、勘違いをしているわけですから、上からの指示を吟味するようになりました。

「俺が社長だったらこんな判断はしない」

「会社の方向性がズレている」

もちろん、現場で起きている問題について、課長の立場で「情報」を上げることは大切です。しかし、経営者と同等の目線をもっているつもりになって、経営者の判断と自分の判断を比較するようなことは絶対にしてはいけません。

その言動は会社にとって有益な言動になることは絶対にありません。なぜなら、その言動が会社にとって有益な言動かどうかを判断するのも経営者だからです。多くの経営者から発される「経営者のつもりで考えろ」という言葉は、「経営者、上司から求められることのプラスαができるようになれ」ということと認識するのが正しいのです。

提示された目標の達成に全力を集中させる

では、どうすれば、経営者、上司から求められていることのプラスαを理解できるようになるのでしょうか。それは、経営者、上司から求められていることに全力を集中することです。全力で集中し、それができるようになったとき、初めて経営者、上司がどういう意図でこのような指示をしたのかがイメージできるようになってくるのです。

その瞬間が経営者、上司から求められていることのプラスαを理解できた瞬間です。それを実行できた課長を見て、経営者は「○○君はさらに出世させてもいいな」と思うようになるのです。

逆に、経営者のつもりで考えている課長は、経営者、上司の指示をたびたび吟味するようになります。実行までのスピードが落ちるわけですから、成果も出にくいでしょう。さらに、うまくいかないことも、経営者、上司の指示の責任にするわけですから、会社が求める方向での成長も遅れます。

また、言われたこともできない、やらないわけですから、さらに上の要職を任せようと判断する経営者は希少だと言えます。

できる課長は経営者のつもりで考えることはしません。経営者と同等のレベルで判断をできるという勘違いは、経営者や上司の指示を無駄に吟味することにつながるからです。与えられた役割に集中し、求められる成果を残すなかで、経営者、上司から求められていることのプラスαを理解し、実行できる課長が出世するのです。

この対応は正しい！

経営者のつもりで考えるとか言いながら、うまくいかない理由を自分以外のところに探していたように思います。とにかく、自分のチームに与えられたことを達成することに集中し始めて、逆に経営層が何を考えているかが少しわかるようになった気がします。

できる課長は会社全体のことを無駄に考えない

よくある誤解

「自分の課のことも大切ですけど、会社全体のことのほうが大切ですよね」

「他の課のことであっても、会議では気になることがあれば積極的に指摘することにしています」

02

「自分の課のことだけではなく、会社全体のことにも気を配ることができる。あらゆる分野で力を発揮できることが出世するための条件だ」

もちろん、会社の一員である以上は、会社の目標を達成するためにいるのですから、会社全体のことを考えること自体は否定しません。しかし、それが本当に会社から求められていることなのか、という視点を忘れてはいけません。

ある会社の会議で聞いた、マズい発言

ある会社の会議に参加させていただいたときのことでした。

その会議には、各課の責任者が出席していました。営業、マーケティング、システム各課の責任者が参加し、プロジェクトリーダーが一つのプロジェクトについての進捗を確認する会議でした。

その会議でとても気になる光景がありました。それはシステム課の課長の言動でした。

「営業のこの数字の内訳はどうなっているんですか？」

「マーケティングの施策はこうすべきだと思うのですが、いかがですか？」

自分の責任範囲を棚に上げるわけではありませんが、他の課の詳細についてのヒアリングや施策の提案など、まるで当事者か上司のような言動を取っていたのです。

私は、「これはマズいな」と感じました。何がマズいと感じたかというと、発言が完全に「評論家」になっていることでした。評論家になっているとは、自分に責任がないこと、責任が取れないことに対して、さも責任ある立場でもあるかのように、指摘、提案するという状態です。

役割と責任を理解できていない発言はロスタイムを生み、評価を下げる

実際の評論家の方々は、評論した内容について責任は取れませんが、視聴者からの評価を獲得しなければいけないという責任は負っています。ある意味、責任ある立場だとも言えるでしょう。

しかし、会議の場で評論する人は厄介です。まったく責任がない事柄に対して、まったく無責任に、誰からの評価も気にすることなく、発言をすることができるのです。会社のためという大義名分の下、自分がよいと思うことをただ発言するのです。

聞いている周りの人はどのように思うでしょうか。

「あの人に何がわかるっていうのだろうか。何の責任もないくせに」

「こちらの事情も知らずに好き放題言いやがって」

きっと、こう思うに違いありません。

その会議でも、聞いている人たちはそのような表情を浮かべていました。しかし、システム課の課長がその会議の参加者でいちばんの年配者であったこともあり、発言を制する人はいませんでした。そして、その無責任発言は毎回続いているとのことでした。

私は、システム課の課長にヒアリングをすることにしました。

「どうして他の課への指摘、提案にあそこまで力を入れるのですか？」

答えはこうでした。

「社長が、私にこのことを求めているからです。早く出世したいですからね」

私が社長の立場であれば、決して評価しない言動です。でも、社長がそれを求めていると言って聞きません。私は、

「わかりました。では、社長に直接確認してください。会議で他のセクションに対して気づいたことを指摘したり提案したりすることを求めているか、必ず確認をしてください」

と伝えました。後日、社長から回答をもらったシステム課の課長から話を聞きました。

「社長が私に求めている役割は、プロジェクトが予定どおり進行するように、プロジェクトリーダーの求めるシステムを納期どおりに製作できるように、チームをマネジメントすることだよ、と言われました。他のセクションへの指摘や提案は、特に求めていない、聞

かれればよいというくらいのスタンスでした」

と、寂しそうに言っていたのを覚えています。

会社のため、自分の評価が上がると思って行っていた他の課への指摘、提案は誰からも求められていなかったのです。それればかりか、それに対応することで会議ではロスタイムが発生し、周りからはただの評論家だと評判を下げることになっていたのです。

自分の役割をまっとうすることが、会社全体のことを考えることになる

「会社全体のことを考える」という言葉自体、勘違いを生みやすい言葉なのは確かです。会社は一人で運営しているのではありません。チームで運営をしているのです。チームで運営をするということは、それぞれに役割が振られているということです。そして、それぞれがそれぞれの役割をまっとうすることで、会社は目標達成に近づくようにできているのです。

つまり、「自らに与えられた役割をまっとうする」こと自体が、会社全体のことを考えるということにほかならないのです。会議で他部署に指摘をしていい内容は、自らに与えられた役割をまっとうするうえで、起きている弊害についてのみです。

「営業からの要件定義が遅れているため、このままでは納期を達成するのがむずかしいで

す。遅くとも、○日までには完了させてください」

「マーケティングからの仕様変更依頼が小刻みに多すぎて非効率です。1週間に一度まとめて、でお願いしたいのですが、いかがでしょうか？」

このような指摘や提案はおおいにすべきでしょう。

あとは気づいたことがあったとしても情報提供レベルにとどめるべきです。

「他社が『○○マーケティング』というマーケティングの手法を取り入れていました」

「前の会社での営業管理はこのようにやっていましたよ」

というような「情報提供」です。間違っても、

「うちも他社のマーケティングの手法を真似るべきだ」

「うちの営業管理は全然ダメです。前の会社はこんなふうにちゃんとやっていましたよ」

という発言をしてはいけません。

課長は、会社の「分割された一つの機能」に対する責任者です。分割された一つの機能を正常に動かすためにチームを運営していくことを求められていて、それを実行していくことでしか、課長としての評価を高める、出世していく方法はないことを忘れてはいけません。

自分より上の上司や経営陣のように、会社のできるだけ広い範囲に影響力をもつことが

出世のために求められているのだと勘違いをしてはいけません。その言動は評価されないばかりか、他部署の邪魔にもなり、評価を下げることにもなってしまうのです。

できる課長は会社全体のことを無駄に考えません。自らのチームに与えられた目標を達成することこそが、課長が会社全体のことを考えることにほかならないことを知っているからです。

他部署に指摘、提案をするときは、課長の立場から、自らの責任を果たすうえで起きている問題を解決するためのものではなくてはいけません。決して、評論家にはならないように肝に銘じてください。

この対応は正しい！

自分の責任外のところに指摘することで気持ちよくなっていたのは、自分だけだったんですよね。今は、無責任な評論家的な発言は絶対にしないようにしています。

03 △

できる課長は、隣の部署の部下からの相談に乗らない

よくある誤解

「自分の直属でなくても、部下は部下ですからね、気にかけるようにしています」

「前の部署の部下からよく相談があります。今の上司とうまくいってないみたいで」

「直属の部下だけでなく、多くの部下から人望があり、部署の垣根を越えて相談に乗れる存在になっている課長こそが出世すべきだ」

多くの部署のメンバーから信頼されている課長――。一見、何の迷いもなく、次は部長に出世させるべき存在のように見えます。

しかし、一概にそうとも言えません。それどころか、会社にとっては大きなマイナスの存在である可能性すらあります。つまり、出世させてはいけない存在であるかもしれないのです。

二種類に分けられる相談内容

まず、直属の部下以外からの相談内容について、イメージをしてみましょう。

「うちの課長の言い方が厳しすぎて、ついていく気がなくなるんですよね」

「課長の求めるレベルが高すぎです。正直、現場がわかってないと思うんです」

こういった、自分の上司である課長に対する不平や不満があります。もしくは、

「あのお客さまですが、どういう営業手段がよいでしょうか」

「どういうマーケティングをすべきですかね」

といった本来は直属の上司に相談すべき内容もあるでしょう。相談内容は、この二種類

であることがほとんどです。そこで、相談に乗った隣の部署の課長が、

「その言い方はないよな。ついていく気がなくなるのもうなずけるよ」

「あいつも現場から離れているからな」

というような、部下の上司に対する不平や不満を肯定するような発言をしたらどうなるでしょうか。部下は、やっぱり自分が正しく、直属の課長は間違っていると思うようになります。そして、ますます直属の課長との関係は悪くなっていくでしょう。

あるいは、本来は直属の上司に相談すべき内容に対して、

「そのお客さまには、こういうふうに攻めるべきだな」

「マーケティングとしては、こういう手段があるな」

などと、直属の上司から与えられている指示との整合性や、結果に対する責任も考えず、隣の部署の上司が無責任にアドバイスをしたらどうなるでしょうか。そのアドバイスが、直属の上司からの指示やアドバイスと違えば違うほど、直属の上司を否定する材料になってしまいます。

隣の部署の課長と、相談した部下の利害が一致する

このような会話を聞いたことがある人もいれば、自分が当事者だという人もいるでしょ

う。多くの会社で、頻発している会話ではないでしょうか。隣の部署の課長はよかれと思って相談に乗っているのですが、間違いなく組織全体にとっては悪影響が出ます。

しかし、こうした会話がなくならないのは、双方の利害が一致しているからです。部下は、直属の課長の指示を守らない、設定した目標を達成できない理由が、自分ではなく、直属の課長にあるということを誰かに認めてもらいたいのです。相談に乗る隣の部署の課長は、より多くの部下から人気者になりたいのです。

そして、会社全体にとっては、何の生産性もない、むしろマイナスな会話が繰り返されることになります。

果たして、このような会話がなされている会社で、その課長は出世させるべき有益な存在と言えるでしょうか。残念ながら、このような会話をしながら部下と利害関係を一致させ、気分よくなってしまう課長は、まだまだ出世させるべき存在ではありません。

できる課長は直属の上司に相談させる

では、できる課長はこのような隣の部署の部下からの相談に、どのように対応するでしょうか。

「君が自分に与えられた仕事をするうえで、無理が生じていることがあるのなら、それは自分の上司に直接伝えなさい」

「どのような営業手段を取るべきかは、直属の上司に相談すべきことだよ」

と、直属の課長と話をさせるようにします。冷たい課長だなと思われるかもしれませんし、人気がなくなるかもしれません。しかし、これが正しい対応です。なぜなら、いずれの問題も直属の課長と話をすることでしか解決できないからです。

隣の部署の課長が相談に乗って、部下からの人気者になっていた行為は、会社全体にとってはまったく無益であり、問題を解決する方法にはなっていないのですから。

相談に乗らなければならないことは一つだけ

ただし、隣の部署の部下からの相談に、乗らなければいけない例外が一つだけあります。それは、直属の課長が明らかなルール違反をしている場合です。例えばセクハラやパワハラ、不正などがこれに該当します。

その際は、ルール違反に該当する事象を、部下から事実情報としてしっかりと聞き取り、然るべきルートに報告し、勇気をもって報告してきた部下に被害が及ばないことを最優先に考えなければいけません。

まとめると、できる課長は一部の例外を除き、隣の部署の部下からの相談に乗ってはいけない、ということです。なぜなら、その相談に応えたところで本質的な解決には絶対にならないからです。解決にならないばかりか、部下が直属の上司を否定し、自らができないことに対する言い訳の材料を与えてしまうのです。

できる課長は、隣の部署の部下からの相談があったときは、冷たいと思われようが人気者でなくなろうが、直属の課長と話すことを勧めなければいけません。

この対応は正しい！

昔の部下からの相談に乗りながら、お酒を飲むのが好きだったんですけどね。でも、逆の立場だったら嫌だし、やりにくいだろうなと気づいたんです。今は、少し寂しいですけど、そういう誘いだったら断るようにしていますよ。

04

できる課長は、アピール不足を出世できない言い訳にしない

よくある誤解

「同期で凄くアピールがうまい人がいるんですよね。確かに出世しているけど、そうはなりたくないですね」

「上司に媚びないと出世できないんだったら、出世しなくてもよいと思っています」

「出世するためには、上司へのアピールや媚びることが必要。そんなことより、仕事をしっかりやることに集中するほうが本質であるはずだ」

確かに言っていることは間違いではありません。仕事で成果を残したとしても、必要以上のアピールや媚びることができない人が評価されずに出世できない会社なのだとしたら、それはおかしい話です。もし、それが重要なことになっているなら、その会社は競争に勝ち続けることはできないでしょう。しかし、少なくとも私がお会いした方々で、このようなことを言っていた方は明らかな「負け惜しみ」だったのです。

上司からの評価を獲得することをあきらめてしまう

課長になって十数年、ずっと課長職の方とお会いしたことがありました。あとから入ってくる若い人にドンドン抜かれ、部下の数もついに一人に――、そんな状況でした。誰が見ても、明らかに窓際に追いやられている状況です。

その方に、私は聞きました。

「どうして、あとから入ってくる人に抜かれていったんだと思いますか」

すると、次のような答えが返ってきました。

「最近の若いのはアピールするのがうまいですからね。僕は、あんなふうにはできないですよ。自分なりの信念をもってやるだけです」

これは、典型的な「負け惜しみ」のパターンです。私は次のように質問をしました。

「アピールはしなくてもいいです。ちなみに、部長から求められていることは何ですか」

すると、まったく答えられなかったのです。つまり、アピールしていないというより、上司からの評価を獲得することをあきらめている状態だったのです。これでは、出世できるはずがありません。

アピール上手や媚びるのが上手な人が出世し続けることはあり得ない

そもそも出世には、アピールや媚びるということが本当に必要なのでしょうか。確かに、アピールや媚びることによって出世した人がいるのも事実だと思います。しかし、それだけでは出世し続けることはできません。仮に、出世し続けることができたとしても、その会社が存続することはむずかしいでしょう。

出世するということは、本来、会社にとって有益な存在になることによって、実現されるべきことです。会社にとって有益かどうかは、上司の評価によって決定されます。数人いる部下のなかで、誰がいちばん上司の求めることができたのかで評価するのです。

そして、上司も、数人いる上司のなかで、誰がさらに上の上司、例えば社長が求めることをいちばんできたかで評価されます。社長も同様に、誰がいちばん市場のニーズに応えることができているかで、市場から評価されるのです。

つまり、それぞれがそれぞれの立場で競争し、それぞれの評価を得なければいけない存在から評価を獲得しようとしているのです。そして、部下に与える評価というのは、本来、自らが評価を獲得するために誰がいちばん部下として戦力になるかで判断されなければいけません。そうでないと、自らも競争に負けてしまうからです。

そのとき、自らの競争に勝てるかどうかと無関係に、ただのアピール上手で媚びるのが上手な部下を評価してしまうと、どれだけ誤魔化しても、最後は社長同士の競争、つまり市場における会社間の競争に負けてしまうことになります。

アピール上手や媚びるのが上手な人間が出世し続けることは、社会の仕組みとして考えても、あり得ないということです。

上司に求められることをやり続ける人だけが出世し続ける

では、どういう人が出世し続けることができるのでしょうか。単純に「会社にとって有益な存在であり続けること」ができる人です。そして、それは上司に求められる成果を出し続ける、一社会人として求められるあたり前のことを継続的に行うことによって、実現できるのです。

つまり出世とは、上司にアピールしたり媚びたりしてさせてもらうことではないのです。会社の一員として当然やらなければいけない、「上司に求められている成果を出す」ということを実行していれば、必然的に出世してしまうことになるのです。

自ら出世できない理由を、アピール不足や媚びることができなかったと言う人は、ただ単に「上司に求められている成果を出す」という、会社の一員としてやらなければいけないことができておらず、言い訳しているにすぎないのです。

部下にアピールや媚びることを求めてしまう

アピールや媚びることができないから出世できないと現に思っている課長は、さらに注意が必要です。部下にも同じことを求めてしまうからです。少なからず評価する対象の部下がいるでしょうから、彼らに対して、業務上求めることを明確に示さずに、アピールや媚びることを求めてしまいます。つまり、自らの競争に勝てる戦力なのかどうかとは無関係に、好き嫌いで評価してしまうのです。

そうなると、課長自身が競争に負けることはもちろん、部下にも被害が及びます。部下は、業務上のスキルを身につけるよりも、アピールや媚びる能力を優先して身につけるのです。これでは、部下は他の部署や他の会社に移ったときに必要な力が身につかず、苦労することになってしまいます。部下に対しても、業務上求めることを明確にし、それを実行すれば部下が高い評価を獲得できるようにすること、それによって必然的に出世していける状況を設定することは、課長の重要な役割なのです。

できる課長はアピール不足を出世できない言い訳にしません。アピール不足が出世できない本質的な理由ではないことを知っているからです。どうすれば評価を獲得できるか、何を上司から求められているかを明確にし、そのことを実行することに全力を尽くせばよいのです。そして、それが実行できれば、必然的に出世してしまうものなのです。

この対応は正しい！

あいつはアピールがうまいからとか、先に出世している同期に対する負け惜しみみたいなことを言うのはやめました。アピールだけで出世し続けることはできませんからね。

05

できる課長は直談判しない

よくある誤解

「部長に提案しても前に進まないことは、社長に直接、直談判するようにしています」

「直談判してくるくらいの社員がいいって、よく経営者が言ってるじゃないですか」

「会社のために、組織図を無視してでも直談判していくべきだ。多少の軋轢は生まれるかもしれないが、その勇気と実行力を買われて出世できるに違いない」

テレビドラマではよく見るシーンです。古参の部長、取締役らの反対を押しきって、社長に直談判する若手の課長。社長はその直談判を聞き、蓋をしていた古参のメンバーをきつく叱り、課長は直談判により評価が上がり、出世。そして、古参の部長は直談判した課長の部下になる。

見ている人たちは、課長に自らを投影させ、そして、痛い目をみる役である古参の部長、取締役に自分の上司を重ね合わせてスカッとするわけです。

しかし、現実の世界では、残念ながらこのようなことはほとんど起きません。そればかりか、このような課長は出世することはできないでしょう。

なぜ直談判する課長が出世できないのか

なぜ直談判する課長が出世できないのか。まず、会社というのは明文化されたルールをもとに運営されている集合体だからです。つまり、誰が誰の上司か決まっていて、それぞれの上司や自らに与えられた責任のなかで、部下からの提案を実行するかどうかを決断していく、これを積み重ねていくのが会社なのです。

これを無視したらどうなるか。いろいろな弊害はありますが、確実に起きることは、責任の所在が曖昧になってしまうということです。

社長、部長、課長という組織だと仮定しましょう。本来、社長は部長に求める役割を決めて、責任を与えます。そして、部長はその責任のなかで課長へ求める役割を決めて責任を与えます。

ここで、直談判が起きます。

「社長、○○という施策をやりたいです」

「課長、それはいいな。やってみろ！」

この直談判が成立した瞬間に、部長のあらゆる計画が狂います。部長から指示していた仕事に関する課長の優先順位は確実に下がるので、部長の責任を果たすためには、指示を修正しなければいけません。

また、課長をどのように育成していくかを部長なりに計画して、仕事を指示していたとしたら、それも修正を余儀なくされます。

部長は、自らの責任を果たすために立てていた計画が、他者によって狂ったことで、「与えられた責任も減少した」という勘違いを起こすようになります。責任を果たすための権限を奪われたのですから、致し方ありません。

こうして、直談判によって部長が関わる社長からの指示内容の達成、課長を育成するという部長の責任の所在が曖昧になるのです。

直談判が通用する社会とは？

直談判のストーリーが何の問題もなく成立するのは、会社という明文化されたルールではない世界です。

若い経営者が、大物経営者にアポイントなしで直接会いに行って、直談判することで取引が始まった。そして、この取引が、同社の発展の礎となった。テレビのドキュメンタリーで見かけるシーンです。

この直談判はルール違反もしていなければ、誰の責任も曖昧にならないケースです。その勇気と実行力は賞賛されるべきでしょう。

しかし、これと課長が間の役職者を飛ばして社長に直談判をするのとでは、まったく違います。それは、会社という組織においては、明らかなルール違反なのです。

一方で、直談判を賞賛する社長がいることも事実でしょう。そして、そういった社長は役員、部長に確認なく、直談判の内容を採用してしまいます。多くの場合、役員、部長からすると迷惑な話です。なぜなら、役員、部長には課された責任があり、その責任を果たすうえでは必要ない内容である場合がほとんどだからです。

役員、部長は社長からの指示ですから「渋々」課長の直談判につきあうことになります。しかし、優先順位が高くなることは少ないでしょう。役員、部長の優先順位は、あくまでも本来の自らの責任を果たすことにあるからです。

会社で成果を上げていこうと思ったときには、組織の力を使うことが必要不可欠な要素であることは間違いありません。直談判の内容が、多くの組織との連携が必要なものであるほど、課長ができることには限界があります。やはり、その上の役職者であり、部門を跨いでの影響力のある役員、部長の協力は不可欠です。

しかし、彼らの優先順位は決して高くありませんから、積極的な協力は得ることができません。そうなると、成功に導くことはむずかしくなってしまいます。

直談判したことがうまくいかないと、課長の評価だけが下がる

直談判した内容がうまくいっていないことを社長が見ると、役員、部長に報告を求めます。役員、部長は課長を助けるような報告はしないでしょう。

そうなると、社長のなかでは、役員、部長と課長のどちらかに、うまくいかない原因を

特定しようとします。そして、

「勢いで課長の直談判を受け入れたけど、冷静に考えたら役員や部長の言うとおりだな」

と判断するようになるのです。課長の直談判した計画、内容が甘かったという結論で、上層部は誰も傷つかず、課長の評価だけが下がることになってしまうのです。

そして、そもそも多くの社長は直談判をよしとしません。それによって組織にどういう悪影響が発生するかをわかっているからです。直談判を繰り返す課長を見て、

「自分が何を求められているか、わかってない社員だな」

と評価を下すことになるのです。

会社の上層部になるということは、市場からの評価をダイレクトに受ける立場に近くなるということです。つまり、市場の変化とともに、求められることも目まぐるしく変わります。上層部になるうえでは、その「求められること」を、言われなくても正確に理解する力をより求められるようになります。

「自分が何を求められているかわからない」のは、上層部に出世するうえでは致命的だと言えるでしょう。

課長という立場になってまで、若手社員のようにトップへの直談判でアピールして評価を獲得しようという思考は捨てるべきです。自らに与えられた責任を果たすことが、遠回

りのように見えて、課長からさらに上のステップに行くための最短ルートなのです。

直談判が制度になっているケースもある

ただし、例外があります。直談判が制度になっている場合です。一定の周期で、トップに提案ができる制度を設けている会社もあるでしょう。これは、制度のなかで行われる直談判であり、直談判することも課長の業務です。仮に採用となれば、役員、部長の優先順位にも組み込まれることになります。

できる課長は直談判をしません。それは、組織において課長が求められていることではないことを理解しているからです。何か凄いアイデアを思いつくことでもなく、社長にダイレクトに提案する勇気でもなく、組織をしっかりと機能させることを会社は求めているのです。

この対応は正しい！

直談判で会社を変える、って何かカッコいいと思うじゃないですか。でも、やっぱりうまくいかないし、本来、課長の私に求められていることじゃないんですよね。本来の役割のなかで、しっかりと成果を残せるように頑張っていきます。

Chapter 6

できる課長の心構え

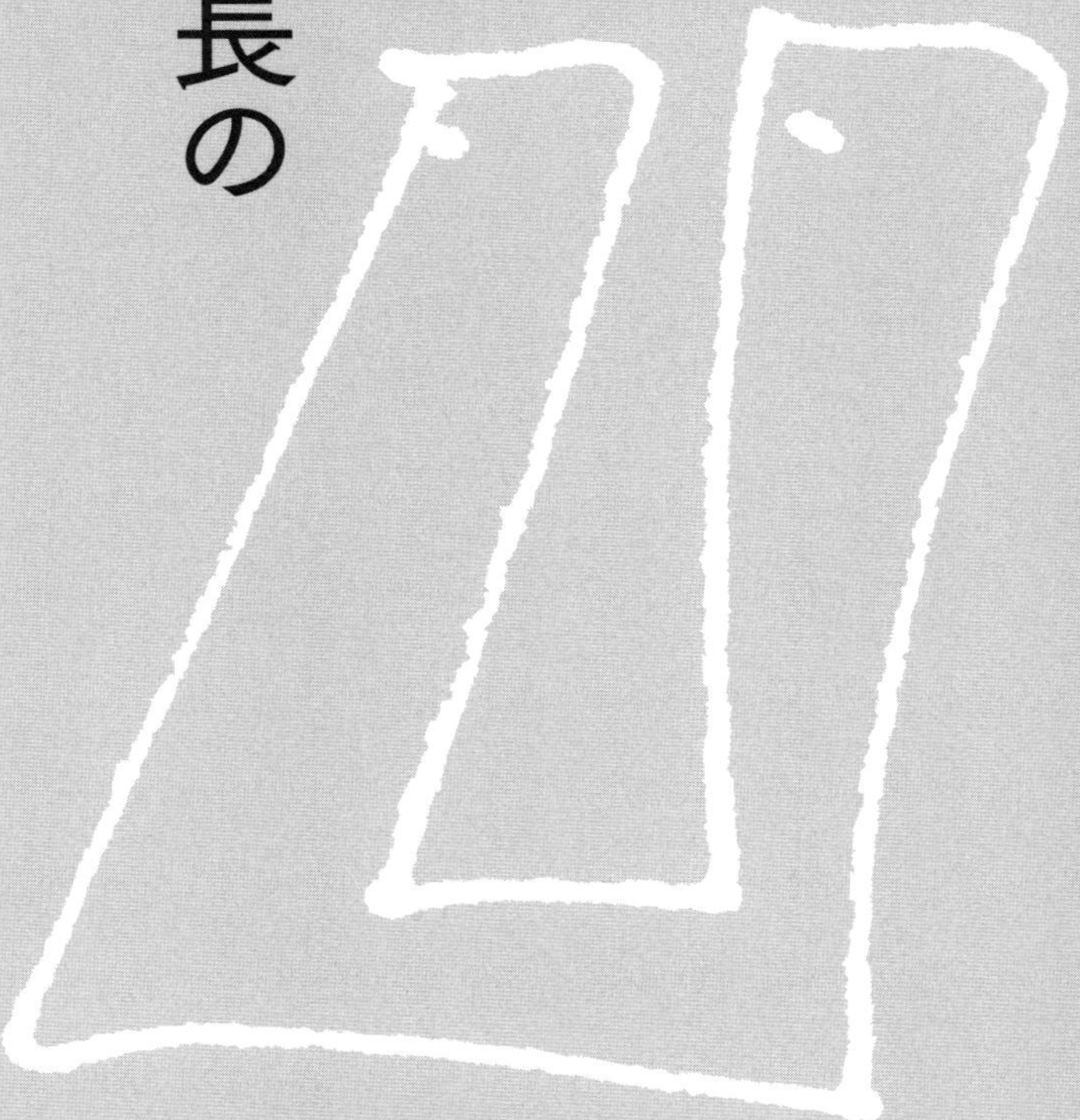

できる課長は、自分は会社の成長のためにいることを忘れない

たとえ部下の人数が二、三人であったとしても、課長という立場になるということは、組織のトップに立つということです。それにより、上司からプレーヤー時代とは違うことを求められたり、違うプレッシャーを感じたりすることも出てくるはずです。そして、自分の頭のなかで思い描く「よいリーダー像」に近づくために、日々葛藤されている課長も多いのではないでしょうか。

しかし、多くの「課長」が思い描く「よいリーダー像」は、それ自体が「できる課長」

からかけ離れてしまっていることが多いのが現実です。

「できる課長」からかけ離れた「よいリーダー像」とは

できる課長からかけ離れてしまっている「よいリーダー像」としては、大きく次の二つの代表的なパターンがあります。

①会社と闘い部下を守るよいリーダー

社長や部長は厳しいことや、無茶なことを言うけれど、課長である自分はそうではなく、部下の立場になって考えてあげ、ときには、部下のために社長や部長とも闘えるのが、よいリーダーだという考え方です。

②お客さまのために会社と闘うよいリーダー

お客さまからの要望に応えるためであれば、会社の利益が減ろうとも、社長や部長の反対を受けてでも、ときには自分の進退をかけてでも闘うのがよいリーダーであるという考え方です。

自分が会社の成長のためにいることを忘れていないか！

この二つの代表的なパターンは、課長が組織のトップであるという意識が強すぎて、あくまでも会社のなかのサブ組織におけるトップであること、つまり、「会社の成長のためにいること」をついつい忘れてしまうことから起きています。

会社のトップである社長と、課長には決定的な違いがあります。それは、「組織をどういう方向に成長させるか」ということを自由に決めることができるかどうかの違いです。

社長は会社のトップですから、対峙するのは市場です。市場のなかで、自分たちがどのようなポジションを狙って、ニーズを獲得していくのかを自由に決定できます。社長は会社の市場に対する最終責任を負う立場であるため、自由に決められるのです。

一方の課長は、社長が決定した「組織をどういう方向に成長させるか」を実現するために、自分のチームの運営の方向性を決定していく立場です。部下の育成方針も、顧客ニーズに応える方法も、あくまでも社長が決定した「組織をどういう方向に成長させるか」が考え方の基準でなければいけないのです。

そうすると、「会社と闘い部下を守るよいリーダー」「お客さまのために会社と闘うよいリーダー」になるということは、課長という立場をまったく理解していない行動と言えます。会社の設定を無視して、組織の成長の方向性をすべて自分で自由に決定できる立場である、と考える勘違い行動なのです。

課長は会社と闘ってはならない

そして、課長はあくまで会社のなかの機能ですから、「会社と闘う」という考えをもつことがあってはならないのです。

「チームのために、強い敵にも果敢に闘いを挑むリーダー」

ドラマや漫画で多く出てくるリーダー像です。チームの目的達成のために、困難があろうとも、リーダーが絶対にあきらめない、ブレない姿勢を見せることは重要です。敵いそうにない強敵が現れたとしても、果敢に勝負を挑まないといけないこともあるでしょう。

しかし、間違ってはいけないことがあります。それは、課長は会社を「敵」に設定することはできないということです。課長が会社を敵と設定するということは、課長も会社の一部である以上、自らを敵だと設定していることにほかなりません。

ただしこのとき、会社を敵だと設定しないということと、情報を上げないということは違うということには注意してください。上司の指示の否定になったとしても、それが会社のためで、会社側が気づいていないことであれば、積極的に情報を上げるべきです。

「今の業務をしていくには、どうしても平均4時間以上の残業が毎日必要な状況です」

「競合他社から新たなサービスが出てきたので、3社の顧客から『向こうに移ろうかな』というコメントをいただきました」

これらは会社のために必要な情報を上げていると言えます。

ところが、「よいリーダー像」を間違って、部下に、

「仕事が多くなりすぎて申し訳ないな。酷い会社だよな」

と、部下と一緒の立場に立って会社を敵として設定したり、上司に対して、

「こんなサービスでは競合他社と比較して、お客さまのニーズに応えることができません。ここの改善に着手いただけないのであれば、会社を辞めます」

と、会社全体の事情をよく理解しないまま会社と敵対したりするような姿勢をとってはいけないということです。


できる課長は、自分は会社の成長のためにいることを忘れません。あくまでも、会社が決定した「組織をこういう方向に成長させる」という前提条件のなかで、自らのチームを率いて部下を育成し、顧客と対峙しなければいけないのです。

そして、間違っても、会社を敵だと設定するようなことはしてはいけません。

できる課長は管理職であることを忘れない

課長という立場になったときに、自分はどのような課長になろうかと、誰しもが考えるはずです。

「背中で引っ張っていく課長」

「部下とのコミュニケーションを大切にする課長」

「ダメなときには厳しく叱ることができる課長」

いろいろな課長をイメージし、こういう課長になろうと考えたり、課長という立場をすごしたりしているでしょう。
どんな課長になるのか、それは一人ひとりに特徴があってもよいと思います。しかし、一つだけ絶対に忘れてはいけないのは、課長が「管理職」であるということです。

課長の個性は、部下を「管理できる」ことが土台となる

管理職のいちばん大切な仕事は、その役職の名前のとおり「管理」です。管理ができないということは、管理職の機能を果たしていないということです。それぞれに、個人の特徴を出してよいのは、管理ができていることが前提です。

では、部下を管理するとはどういうことでしょうか。シンプルにお伝えすると、管理とは「ルールや目標の設定とそれに対する評価をする」ということです。

チームの責任者として、チームを勝利に導くために必要なルールを設定し、それをしっかりと守ることができているかを評価する。また、チームを勝利に導くために、メンバーに対して目標を設定し、目標に対して出た結果を評価することです。

ここでいう評価とは「できた・できなかった」を明確にし、できなかった場合には、その不足を明確にする作業を指します。そして、評価によって明らかになった不足をもとに、新たな設定をしていく。この一連の流れが管理です。管理することで、部下は正しい

方向に成長し、同時にチームも成長することが可能になるのです。

管理するために重要な設定と評価

しっかり管理ができるようになるには、まず、しっかりと設定をすることです。ここで重要なことは、大きく次の二つがあります。

①部下やチームの未来に必要であると思うことを設定する

部下からどう思われようが気にせず、部下やチームの未来に必要であると思うことを設定することです。間違っても、部下に気に入られるための設定をしてはいけません。

②明確に設定する

「明確に」の定義は、ルールを守れている、目標が達成できたなど「100点満点の状態」の認識が部下と合致しているということです。

100点満点の状態の認識が合致していないまま、次の評価という段階に進むと、必ず問題が発生します。

そして、次にしっかりと評価をします。評価で大切なのは、できなかったときにしっかりと指摘するということです。

できたことを評価するのは心理的負担もなく、誰でも問題なくできるはずです。しかし、できなかったことを指摘する作業は、部下がかわいそうとか部下に嫌な上司と思われるなどと考え、ハードルが上がってしまうのです。

この「できなかったことを指摘する」という作業を複雑に考えている課長は多いでしょう。ここで必要なのは、怖い上司になって鞭を与えることでもなく、例え話を交えて気づきを与えることでもありません。ただ、何が不足しているのか事実を伝えることです。

部下の不足に対する認識を鮮明にすることが大切なのです。そのためには、あれこれと脚色せず、しっかりと事実を伝えることがいちばん効果的です。

そして、不足を事実として伝えるうえで重要なことは、設定時に100点満点の状態の認識が合致しているということです。100点満点の状態が合致していなければ、何が不足しているのかの共通認識を持つことはむずかしいからです。

100点満点の状態が合致した設定と、評価をしたうえで何が足りないかの事実の指摘を淡々と繰り返すことが、課長、管理職に求められている最も重要な機能である「管理する」ということなのです。

できる課長は自分が「管理職」であることを忘れません。部下やチームを勝利、成長に導くうえで、課長の最も重要な役割は管理だからです。自分なりのチーム運営をしていく、自分の〝色〟を出すのは、管理が確実にできていることが前提であることを忘れてはいけません。

できる課長は、自分が間の立場であることを忘れない

課長になって、ヒラ社員のときと大きく変わることとは、当然ですが部下ができるということです。部下ができるということは、これまでは上司という上の関係だけを意識していればよかったところに、上下の関係ができるということ。上司にとっても部下にとっても有益な存在、つまり、利益をもたらす存在になるということが、できる課長になるということです。

このうち上司にとって有益な存在になるということは、とてもシンプルな話です。上司

に求められていることを確認し、正しく認識し、実行するということです。

少し複雑なのが、部下にとって有益な存在になるということです。何が複雑かというと、部下にとって有益な課長は、部下が求めている課長ではないことが多いのです。部下にとって有益な課長、つまり利益をもたらす課長とは、部下を成長させ、チームを勝利に導くことで多くの利益を獲得し、部下にも分配できる課長です。

課長は、上司と部下を分断する立場になるな！

部下個人の成長、チームの成長には、少なからずツライことや苦しいことが伴います。なぜなら、成長とはできないことができるようになることであり、成長するには、自分ができないことを認識したり指摘されたりしないといけないからです。

それは部下にとって決して気持ちよいことではありません。厳しく指摘してくる課長は、部下が求める課長ではないかもしれません。しかし、部下にとって有益な課長になろうと思ったときには、決して避けてはいけないのです。

一方、部下の求める課長になる方法は簡単です。部下の味方になってあげればよいのです。どんな人間でも、自分と同じ立場に立ってくれて同調してくれる人がいるというのは、利益だと感じます。それが、自分にとって本当は利益ではないとしても、です。

そして、部下の味方にわかりやすくなる方法があります。それは、一緒に会社や上司を批判することです。共通の敵を批判することで、部下はこの人は味方だと認識しやすくなります。

こうして、自分の立場を正しく理解していない課長は、上司の前では上司に求められていることをやろうとしているように見せて、部下の前では一緒に上司を批判する立場を取るようになるのです。それが、上下のどちらにとっても有益な存在になる方法のように感じてしまうからです。

しかし、このような課長は組織にとって最悪の存在です。自分の上司と部下の間で、会社を分断させる存在にほかならないからです。これでは、できる課長とは言えません。

課長と部下では視野が違う

なぜ、部下にとって利益になることと、部下が求めることにズレが出やすいのか。そして、なぜ、そのズレにつきあわず、本当の利益を与えることが課長の役割と言えるのでしょうか。それは、課長は部下より遠い未来を見ることができる立場、見なければいけない立場だからです。

部下の今にとって利益があるように感じることが、多くの場合、部下が課長に求めることになります。そして、部下は課長に味方になってくれることを求めます。

しかし、課長は部下の未来に利益があることを選択しなければいけません。課長の指示に従うことで、結果的に、部下は自分の成長やチームが勝つことによる分配が増える。その利益を未来に獲得できる、という状態をつくるのです。

チームを率いて上司に求められたことを達成し、結果的に「部下の成長やチームが勝つことにより、部下への分配が増える」という利益を、未来に獲得できる状態をつくる。これこそが、「間の立場」である課長の役割です。

双方の求めることを果たそうとして、結果的に組織を分断することになるのか、双方にとって有益な存在になって組織をより強固なものにするのか、「間の立場」である課長の役割は重要です。

………

ここまで、「できる課長」になる方法を数々書いてきました。すべてのことを実行できれば、会社にとって欠かせない存在、「できる課長」になれることはお約束します。そのうえで、まず大切なのは、自分の立場を正しく理解するということです。自分の立場を正しく理解できて初めて、そこからの行動を正しく実行できると認識してください。

そして、課長の立場は「間の立場」なのです。何が正しいのか、何を求められているのかは、自分が市場と対峙して決定するのではなく、上司に決めてもらう立場です。そして、チームを率いて上司に求められたことを達成する立場です。さらに、今この瞬間、部下から嫌われるかもしれないことでも、チームや部下の未来の勝利や成長に責任をもち、決断を繰り返していかなければいけない立場なのです。

しっかりと「間の立場」にいるということを理解し、本書に書かれているアドバイスをぜひ実行してください。そうすれば、部下の未来も間違いなく明るいものになります。

そして、実行したご自身は、課長であり続けることはむずかしくなるでしょう。「できる課長」は、課長のままで置いておくにはもったいないからです。

この本を読んで、実行していただいた皆さんの部下が大きく成長し、当事者である皆さんが、部長、役員と昇進されていくことを心から願っております。

〈著者略歴〉

安藤 広大（あんどう・こうだい）

◎――1979年、大阪府生まれ。1998年大阪府立北野高等学校卒業。2002年、早稲田大学卒業。

◎――株式会社NTTドコモを経て、2006年にジェイコムホールディングス株式会社に入社。主要子会社のジェイコム株式会社で、取締役営業副本部長などを歴任。

◎――2013年、「識学」と出会い独立。識学講師として、数々の企業の業績アップに寄与する。

◎――2015年、識学を1日でも早く社会に広めるために、株式会社識学を設立。設立後約2年半で400社以上の企業にコンサルティングを行う。「日経ビジネス」などのビジネス誌、「ダイヤモンド・オンライン」や「プレジデント・オンライン」などのビジネスサイトにも多く寄稿。著書には『伸びる会社は「これ」をやらない！』（小社）がある。

装丁 ………………………… 華本達哉（aozora）
本文デザイン・イラスト … イノウエプラス
編集協力 …………………… 菱田編集企画事務所

できる課長は「これ」をやらない！

2018年1月28日　第1刷発行
2022年9月26日　第6刷発行

著　者――――安藤 広大
発行者――――徳留 慶太郎
発行所――――株式会社すばる舍
〒170-0013　東京都豊島区東池袋3-9-7 東池袋織本ビル
TEL　03-3981-8651（代表）　03-3981-0767（営業部）
振替　00140-7-116563
URL　http://www.subarusya.jp/
印　刷――――図書印刷株式会社

ISBN978-4-7991-0679-2

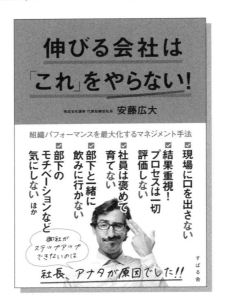